BEI GRIN MACHT SICH IHR WISSEN BEZAHLT

- Wir veröffentlichen Ihre Hausarbeit,
  Bachelor- und Masterarbeit

- Ihr eigenes eBook und Buch -
  weltweit in allen wichtigen Shops

- Verdienen Sie an jedem Verkauf

Jetzt bei www.GRIN.com hochladen und kostenlos publizieren

D1729688

Bibliografische Information der Deutschen Nationalbibliothek:

Die Deutsche Bibliothek verzeichnet diese Publikation in der Deutschen National-
bibliografie; detaillierte bibliografische Daten sind im Internet über http://dnb.d-
nb.de/ abrufbar.

Coverbild: © goodluz - fotolia.com

Impressum:

Copyright © 2015 GRIN Verlag, Open Publishing GmbH
Druck und Bindung: Books on Demand GmbH, Norderstedt Germany
ISBN: 978-3-668-01981-2

Dieses Buch bei GRIN:

http://www.grin.com/de/e-book/303258/markenzeichen-intergenerativ-ein-hand-
lungskonzept-fuer-die-zusammenarbeit

Tina Keller

Markenzeichen Intergenerativ. Ein Handlungskonzept für die Zusammenarbeit zwischen Kindertagesstätte und Seniorenzentrum

GRIN Verlag

GRIN - Your knowledge has value

Der GRIN Verlag publiziert seit 1998 wissenschaftliche Arbeiten von Studenten, Hochschullehrern und anderen Akademikern als eBook und gedrucktes Buch. Die Verlagswebsite www.grin.com ist die ideale Plattform zur Veröffentlichung von Hausarbeiten, Abschlussarbeiten, wissenschaftlichen Aufsätzen, Dissertationen und Fachbüchern.

Besuchen Sie uns im Internet:

http://www.grin.com/

http://www.facebook.com/grincom

http://www.twitter.com/grin_com

University of Applied Sciences Koblenz
RheinMoselCampus Koblenz
Fachbereich: Sozialwesen
Studiengang: Bildungs- und Sozialmanagement
                mit Schwerpunkt frühe Kindheit B.A.

■ Bachelor-Thesis

Tina Keller

Markenzeichen Intergenerativ-

Ein Handlungskonzept für die Zusammenarbeit zwischen Kindertagesstätte und Seniorenzentrum

Vorgelegt von:

Tina Keller

Sembach, den 27.02.2015

■ Wintersemester 2014/15

Inhaltsverzeichnis

Abstract

Thema dieser Arbeit ist die Fragestellung, wie der intergenerative Ansatz zu einer Marke in sozialpädagogischen Einrichtungen und somit zu einem Gewinn für die Gesellschaft werden kann. Viele Menschen leben aus den verschiedensten Gründen von ihren Familien getrennt. Die ursprüngliche generationsübergreifende Form der Weitergabe von Einstellungen, Werten und Erfahrungen gibt es häufig nicht mehr.

Durch diesen Wandel hat sich die Denkweise in der sozialen Arbeit verändert und erfordert neue Betrachtungsweisen der pädagogischen Fachkräfte in Kindertagesstätten und der Pflegefachkräfte in Seniorenzentren.

Diese Abhandlung betrachtet die Auswirkungen des demographischen Wandels und die Entstehung des intergenerativen Ansatzes. Es wird eine umfassende Analyse dieses Markenzeichens, sowohl aus betriebswirtschaftlicher als auch aus pädagogischer Sicht, dargestellt und am Ende ein Handlungskonzept für die Zusammenarbeit zwischen Kindertagesstätte und Seniorenzentrum präsentiert.

Schlüsselwörter

Intergenerativ – Generationenkonflikt – Generationenprojekte – Positionierung der Einrichtung – Markenidentität – Lerngemeinschaft – Jung und Alt

4

Abstract

The topic of this paper examines how the intergenerational approach is becoming a trade name in social institutions and therefore creating a benefit for the society. Many people are living separate from their families because of different reasons. The traditional family form with consideration using the transfer of approach, quality and experience were not common.

Due to this change the philosophy of social work has also transformed. A new point of view is necessary for the educational experts in day-care facilities and nursing staff in senior centres.

This paper considered the impact of demographic change and genesis of the intergenerational approach. A comprehensive analysis represented the intergenerational approach to consider both educational and the industrial management's point of view. The conclusion will introduce a treatment concept for the cooperation between day-care facilities and senior centres.

Key words

Intergenerational – generation conflict – generation projects – positioning of the institution – brand identity – learning community – young and old

Abbildungsverzeichnis

Abkürzungsverzeichnis

BMFSFJ	Bundesministerium für Familie, Senioren, Frauen und Jugend
bzw.	beziehungsweise
DEAS	Deutsche Alterssurvey
DZA	Deutsches Zentrum für Altersbefragungen
etc.	et cetera
Kita	Kindertagesstätte
KUG	Kunsturheberrechtsgesetz
NRW	Nordrhein – Westfahlen
o. A.	ohne Autor
SIGMA	Sozialwissenschaftliches Institut für Gegenwartsfragen
u. A.	und Andere
usw.	und so weiter
vgl.	vergleiche
z.B.	zum Beispiel

1 Einleitung

„Generativität ist kein Ziel, sondern ein Mittel auf dem Weg zur Schaffung von mehr Lebensqualität für alle Generationen" (Lange 2014, S. 37).

Generationen bzw. verschiedene Altersgruppen kommen in allen Lebensbereichen vor: Familien und Verwandte, Arbeit und Freizeit, Schule und Kindertagesstätte und noch einige mehr. Es bilden sich automatisch Generationenverhältnisse und Zugehörigkeiten, welche durch zufällige oder geplante Begegnungen entstehen und sich entwickeln.

Doch wie wird auf diesem Weg Lebensqualität geschaffen? Was steckt hinter der Bedeutung Generativität, beziehungsweise, was ist der tiefere Sinn der intergenerativen Arbeit? Wo sollte angesetzt und welche Rahmenbedingungen müssen geschaffen werden?

Die Gesellschaft hat sich in den letzten Jahrzehnten stark gewandelt. Die Lebenserwartung der Menschen ist gestiegen, die Nachkommenschaft ist zurückgegangen. Viele Großeltern sind selbst noch berufstätig, die Kinder und Kindeskinder leben häufig aus beruflichen, persönlichen oder anderen Gründen in großer Distanz vom Rest ihres Familienkonstruktes. Kinder und Großeltern sehen sich selten und die ursprüngliche generationsübergreifende Form der Weitergabe von Einstellungen, Werten und Erfahrungen gibt es vielfach nicht mehr. Durch diesen Wandel hat sich auch die Denkweise in der sozialen Arbeit verändert. Ältere Menschen, häufig ist dies die Generation der Ur-Großeltern, brauchen die Chance, ihre Erfahrungen und Erlebnisse weitergeben zu können. So können Traditionen vererbt oder die Geschichte für die jüngere Generation besser verstanden und nachvollzogen werden. Gleichzeitig sollen Kinder die Möglichkeit erhalten, Kontakte zu vorherigen Generationen aufzubauen. Dies fordert eine neue Denkweise des pädagogischen Fachpersonals in Kindertagesstätten und der Pflegefachkräfte in Seniorenzentren. Ziel muss es sein, dem sozialen Problem einer entstehenden Generationenkluft in der Gesellschaft entgegenzusteuern und eine zunehmende Entfremdung zu verhindern.

Für die generationsübergreifenden Ansätze gibt es bisher kaum empirische Untersuchungen, Daten oder theoretische Grundlagen. Auch Fortbildungsmöglichkeiten oder Schulungen für die Mitarbeitenden[1] sind wenig vorhanden. Dies fordert von den mitwirkenden Personen vor Ort ein großes Maß an kleinschrittiger, strukturierter und immer wieder selbstreflektierender Arbeit, um eine Konzeption zu gestalten, welche Halt und Orientierung sowohl nach innen, als auch, nach außen bietet.

Daher lautet die zentrale Forschungsfrage dieser Ausarbeitung:

Wie kann, durch die gezielte Zusammenarbeit zwischen Kindertagesstätte und Seniorenzentrum, die intergenerative Arbeit zu einem Markenzeichen einer Einrichtung werden und so dauerhafte und nachhaltige Generationenbeziehungen sicherstellen, um mehr Lebensqualität für alle Beteiligten und Akteure[2] zu ermöglichen?

Dazu wird zunächst das Augenmerk auf die veränderte Gesellschaft, den demographischen Wandel und die veränderten Familienstrukturen gelegt. Darauf aufbauend werden die Ziele und die Bedeutung des intergenerativen Ansatzes benannt und eine präzise Interpretation formuliert. Die Ausarbeitung bietet sowohl für Träger als auch für Fachkräfte ein Handlungskonzept. Daher wird ein betriebswirtschaftlicher Blick auf die Umsetzung gerichtet und erörtert, wie der Ansatz zum Markenzeichen, der Identität der Einrichtung werden und sich durch das Alleinstellungsmerkmal auf dem Markt positionieren kann. Die Finanzierungsmöglichkeiten eines solchen Konzeptes werden erwartungsgemäß berücksichtigt, da dieser Bereich besonders für die Träger solcher Einrichtungen von großer Bedeutung ist. Im weiteren Verlauf darf die pädagogische Betrachtung nicht fehlen. Der hohe Stellenwert der Rolle und Haltung der Fachkräfte bilden einen zentralen Gegenstand für die gesamte Arbeit vor Ort. Erwartungen und Bedenken sowie der Wert und der Gewinn für alle Beteiligten und Akteure werden näher betrachtet und, darauf aufbauend, Lernprozesse für Jung und Alt dargestellt.

---

[1] Aus Gründen der besseren Lesbarkeit des Textes wird, sofern es sich nicht um Zitate handelt auf die Schreiweise „-er/Innen" verzichtet. Alle angewandten Formen sind synonym für die männliche und weibliche Form und sprechen beide gleichberechtigt an.

[2] Beteiligte und Akteure fassen alle pädagogischen und pflegerischen Fachkräfte, Kinder, Eltern, Seniorinnen und Senioren sowie sonstige ehrenamtlich und hauptamtlich Mitarbeitende zusammen.

Im Anschluss und zum Abschluss der Abhandlung wird ein Handlungskonzept für die Praxis entwickelt, mit dem Ziel, ein offenes Haus, einen Ort der Bildung und Begegnung zu schaffen. Hierzu wird das Augenmerk auf die Vernetzung und Kooperation sowie die Presse- und Öffentlichkeitsarbeit gelegt. Die praxisnahen Generationenprojekte bieten eine konkrete Orientierung und Umsetzungsmöglichkeiten für die tägliche Arbeit vor Ort.

Die Idee und die Motivation zum vorliegenden Diskurs entstanden aufgrund persönlichen und beruflichen Interesses an generationsübergreifender Arbeit. Ausschlaggebend war der Neubau einer Kindertagesstätte und einer Mutter-Kind-Wohngruppe für psychisch erkrankte Eltern mit ihren Kleinkindern, in unmittelbarer Anbindung an ein Seniorenzentrum mit betreutem Wohnen, Pflegeheim und Demenzhaus. An diesem Standort treffen Generationen von null bis neunundneunzig und älter zusammen. Ein reger Austausch über Einstellungen, Ansichten, Hintergründe usw. kann stattfinden und so können die Beteiligten und Akteure in Interaktion treten. Alle Einrichtungen liegen in derselben Trägerschaft und sind räumlich eng beieinander. Das Außengelände bietet die Chance des unverbindlichen und zwanglosen Zusammentreffens und Verweilens.

Diese Abhandlung ist demnach lohnend für die Verantwortlichen der Häuser und unterstützt die Intention eines Trägers, Orte der intergenerativen Begegnungen zu gestalten, Jung und Alt nachhaltig miteinander zu verbinden und ein Feld der Lernmöglichkeiten und Exploration zu verwirklichen.

2 Hintergründe und theoretische Grundlagen zur intergenerativen Arbeit

Intergenerative Arbeit, ein Wort der Neuzeit oder das Ergebnis einer sich verändern-den Welt? Was bedeutet intergenerativ und auf welchen Grundlagen baut dieser An-satz auf? Im Folgenden wird zunächst auf den demographischen Wandel der letzten Jahrzehnte geblickt. Die Veränderung der Familien, der Familienformen und das ver-änderte Altersbild werden genauer betrachtet. Aufbauend auf diesem Hintergrund werden die Ziele und die Bedeutung der intergenerativen Arbeit dargestellt und die erforderlichen Rahmenbedingungen erfasst. Die abschließende Begriffsbestimmung bildet die Grundlage für das weitere Vorgehen.

2.1 Der demographische Wandel

Die Altersstruktur der Bevölkerung hat sich in den letzten Jahren stark gewandelt und wird dies auch künftig, aufgrund abnehmender Geburtenraten und zunehmender Al-terung, weiter tun. Die klassische Bevölkerungspyramide, wie noch im Jahr 1950, Abbildung 1, wandelt sich zu einem Bevölkerungspilz im Jahr 2050, Abbildung 2 und Abbildung 3 (vgl. Statistisches Bundesamt 2009).

Abbildung 1: Bevölkerungsaufbau 1950

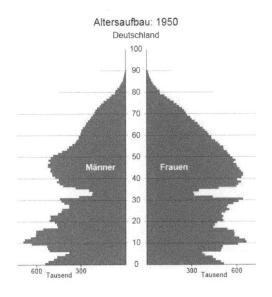

Abbildung 2: Bevölkerungsaufbau 2010

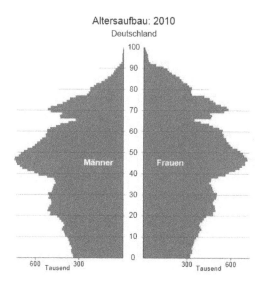

Abbildung 3: Bevölkerungsvorausberechnung 2050

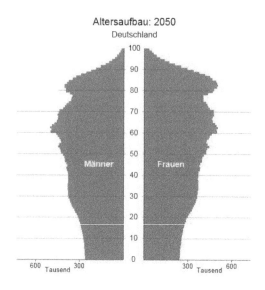

Quelle: Statistisches Bundesamt 2009

12

Die Abbildungen machen deutlich, dass sich die demographische Zusammensetzung der Bevölkerung rasant verändert. Die Überalterung der Bevölkerung nimmt zu, daher ist es ein gesellschaftlicher Auftrag, die Zukunft von Jung und Alt zu verändern und miteinander zu gestalten. Die Potentiale des Alters müssen genutzt werden und dürfen nicht in Vergessenheit geraten. Durch diesen demographischen Wandel hat sich auch zunehmend die Familienstruktur verändert. In früheren Zeiten lebten die Menschen in sogenannten Großfamilien. Die Väter waren meist die Oberhäupter, die Großeltern lebten mit im Haushalt, die Frauen blieben zu Hause und kümmerten sich um Haus, Hof und die Kindererziehung (vgl. o. A. 2014, www.gentleys.com).

Die Rolle der Frau, die längere Lebenserwartung, sowie die Lebensumstände der Neuzeit, haben dazu geführt, dass sich Familiengröße und Familienstrukturen stark gewandelt haben. Ehefrauen sind unabhängiger und meist außerhäuslich berufstätig. Die Haushalte haben ihre Produktionsfunktion verloren und versorgen sich weitgehend nicht mehr selbständig. Lediglich Haushaltsführung und kleinere Anliegen werden noch selbst erledigt (vgl. Textor 2014).

Auch die Familienformen haben sich verändert; dreiviertel aller Kinder werden zwar noch bei den Ehepaaren groß, jedoch gibt es immer mehr alternative Formen wie zum Beispiel, die Stief-, Adoptions-, Pflege-, Patchwork- oder Regenbogenfamilien[3]. Es wird deutlich, dass Familie sich zwar verändert hat, aber dennoch ein wichtiger Bestandteil des Lebens ist, denn *„das Kind seiner Eltern und Eltern seiner Kinder bleibt man ein Leben lang"* (Wolf 2010). Auch Enkelkind und Großeltern bleibt man ein Leben lang. Beziehungen zwischen Enkelkindern und ihren Großeltern sind von besonderer Bedeutung. Die Großeltern bilden die Basis des Familienverbundes, früher wie heute.

---

[3] Stief- und Patchworkfamilien bedeutet: es kommt zu den leiblichen Eltern mindestens ein neues Elternteil hinzu. Dabei ist es nicht entscheidend, ob die Partner verheiratet sind oder nicht.

Adoption bedeutet, dass das Kind und die leiblichen Eltern alle gegenseitigen Rechte verlieren. Die leiblichen Eltern müssen einer Adoption zustimmen.

Pflegefamilien sind Familien, welche ein fremdes Kind über einen längeren Zeitraum bei sich aufnehmen. Die leiblichen Eltern sind dazu aus verschieden Gründen gerade nicht in der Lage (vgl. Bayerisches Landesjugendamt 2015).

Regenbogenfamilien sind Familien, sind eine eigenständige Familienform, bei denen die Eltern gleichgeschlechtliche Paare sind (vgl. Rauchfleisch 2015).

Abbildung 4: Wichtigkeit der Großelternschaft

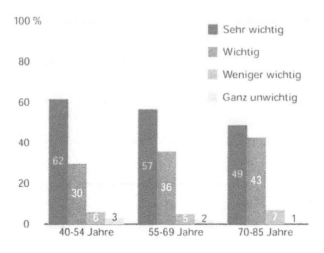

Abbildung 5: Kontakthäufigkeit zwischen Großeltern und Enkelkindern

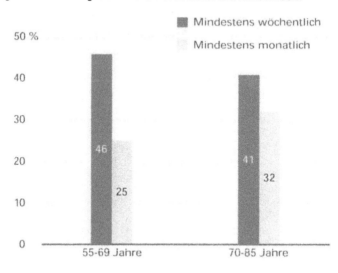

Quelle: Deutsches Zentrum für Altersbefragungen 2008

Das Deutsche Alterssurvey (DEAS)[4] belegt wie wichtig es für die Senioren ist, Großeltern zu sein, auch wenn diese Großelternschaft immer später im Lebenslauf eintritt. Abbildung 4 zeigt, dass es über 80 Prozent der Altersgruppe ab 40 Jahren wichtig bzw. sehr wichtig ist, Großeltern zu sein. Dies wird nochmals deutlich in Abbildung 5. Hier ist ersichtlich, dass mindestens 70 Prozent der Enkelkinder und deren Großeltern einmal wöchentlich bzw. monatlich Kontakt miteinander haben. Die meisten Großeltern fühlen eine engere Verbundenheit zu den Enkelkindern, als zu den erwachsenen Kindern. Seit 1996 ist jedoch der Anteil der Großeltern, die ihre Enkelkinder betreuen, zurückgegangen. Ursachen könnten einerseits in der räumlichen Distanz und anderseits darin liegen, dass viele Großeltern noch selbst im Berufsleben stehen. Es wird erkennbar, dass es durch den demographischen Wandel nicht mehr die klassische Enkelkind-Kind-Eltern-Großeltern-Folge gibt. Unterstützung im Alltag und gegenseitige Hilfe ist zwischen den Generationen ebenfalls seltener geworden. Oft bildet auch hier die große Wohnortentfernung aus beruflichen, privaten oder anderen Gründen einen Stolperstein. Die Kommunikation und Kontaktpflege zu den Großeltern scheint laut den aufgezeigten Ergebnissen trotz zunehmender räumlicher Entfernung gut zu funktionieren (vgl. Deutsches Zentrum für Altersbefragungen 2008).

Was offen bleibt, ist die Frage ob die Kommunikation und der Kontakt allein, Werte, Normen, Einstellungen und Erfahrungen der Großeltern und gleichzeitig Freude, Spontanität und Unbeschwertheit der Kinder vermitteln kann? Muss sich die Gesellschaft eventuell öffnen, um die Generativität zu einem Teil der Makroebne[5] werden zu lassen?

---

[4] Das DEAS ist eine bundesweite Befragung von Personen in der zweiten Lebenshälfte und wird vom Deutschen Zentrum für Altersbefragungen (DZA) durchgeführt. Die Daten bieten eine Informationsgrundlage für die politische und wissenschaftliche Forschung (vgl. Deutsches Zentrum für Altersbefragungen 2015).

[5] Makroebene ist eine Ebene der sozialen Wirklichkeit und bezeichnet den Einfluss der Gesellschaft und der Kultur auf den Mensch als soziales Wesen. Diese Ebene befasst sich mit großen sozialen Einheiten wie verschiedenen Schichten, Klassen, Milieus usw. (vgl. Weltzien 2011, S. 9f.).

2.2 Ziele und Bedeutung

In den vorangegangenen Ausführungen wurden die Veränderungen der Familien und deren Formen verständlich. Die besondere Bedeutung der Beziehung zwischen Großeltern und ihren Enkelkindern wurde im familiären Kontext erkennbar. Beim intergenerativen Denken wird nun aufgezeigt, dass die Weiterentwicklung der Gemeinschaft, der Beitrag für Entwicklung, auch außerhalb der Familie verwirklicht werden kann (vgl. Kruse 2014, S. 81f.).

„Wir werden in eine Welt geboren, in der vor uns bereits zahlreiche Generationen gelebt haben, und wir werden aus einer Welt gehen, in der nach uns zahlreiche Generationen leben werden." (Kruse 2014, S. 82).

Diese Aussage macht das Verständnis für die intergenerative Arbeit deutlich und zeigt somit auf, dass Generativität als Brücke zwischen Personen und der Umwelt zu sehen ist. Generationenbeziehungen finden demnach nicht nur auf der Mikroebene[6], der Interaktion direkt, sondern ebenso auf der Makroebene, als Aufgabe der gesellschaftlichen Entwicklung und den damit verbundenen Auswirkungen auf die Kultur, statt (vgl. BMFSFJ 2012, S. 11). Demnach sollte bei der intergenerativen Arbeit jeder die Chance erhalten, sich als Teil der Generationenfolge zu sehen und sich durch die Erfahrungen und Erkenntnisse der anderen Generationen weiterentwickeln zu können. Dies gilt gleichermaßen für alle Generationen und jedes Alter. Denn es ist notwendig, sich auch im hohen Alter noch zu bilden und nicht stehen zu bleiben (vgl. Kruse 2014, S. 82). Generativität ist die Fähigkeit der Menschen, die unterschiedlichen Generationen in ihr Denken und Handeln miteinzubeziehen, das Wohl der Nachfolgenden zu reflektieren, das eigene Handeln danach auszurichten und das Bewusstsein der Jüngeren zum Wohl der Älteren zu entwickeln. Die Menschen der verschiedenen Generationen sind demnach aufeinander angewiesen und wissen um die große Bedeutung des eigenen Handelns (vgl. Lüscher, u. A. 2014, S. 13).

Neben dieser positiven Darstellung muss der Blick auch auf die Probleme der Generativität gerichtet werden. Häufig tauchen Begriffe auf wie Generationenkonflikte

---

[6] Mikroebene ist wie auch die Makroebne eine Ebene der sozialen Wirklichkeit und bezeichnet den Einfluss von Kleingruppen auf den Mensch als soziales Wesen. Diese Ebene befasst sich mit Grundbedingungen des sozialen Handelns und der Auseinandersetzung des Individuums mit Gruppen wie z.B. Familien oder Freunden (vgl. Weltzien 2011, S. 9f.).

oder gar Krieg der Generationen. Diese Begriffe machen die Differenzen zwischen den Generationen deutlich und zeigen, wenn auch überspitzt, dass immer wieder Uneinigkeiten entstehen können. Der Generationenkonflikt zeigt die Interessen von jüngeren Menschen auf der einen Seite und von älteren Menschen auf der anderen Seite auf. Nicht selten geht es hierbei, besonders im öffentlichen Interesse, um Geld, Steuern, Pensionen und die Renten. Die Menschen werden immer älter, somit sinkt die Anzahl der Gesamtbevölkerung die sozialversicherungspflichtige Arbeit leistet, immer weiter (vgl. Gärtner 2008). Noch im Jahr 2008 mussten 100 Menschen im erwerbstätigen Alter für 33,7 Senioren aufkommen. Im Jahr 2030 wird sich dies bereits auf 52,8 Senioren ausweiten und die Vorausberechnungen für das Jahr 2060 belegen, dass 100 Menschen im erwerbstätigen Alter für 63,1 Senioren aufkommen müssen (vgl. Textor 2014). Dies führt dazu, dass der Generationenvertrag wankt und Unmut bei den unterschiedlichen Altersgruppen ausgelöst wird. In der folgenden Grafik sind diese Ergebnisse veranschaulicht dargestellt.

Abbildung 6: Verhältnis Beitragszahler / Rentner

Jahr	2008	2020	2040	2060
Rentner (Personen ab 65 Jahre)				
Beitragszahler (20 bis 64 Jahre)				
Verhältnis Beitragszahler / Rentner	3:1	2,5:1	1,5:1	1,3:1

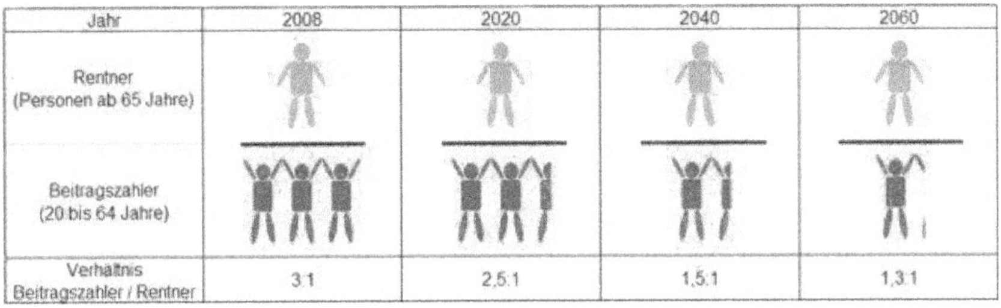

Quelle: sentiso 2011

Generationenkonflikte können aber auch entstehen durch Autoritätsverhältnisse, die unterschiedlichen Interessen zwischen Jung und Alt oder Lebensweisen, welche für die anderen Generationen nicht nachvollziehbar sind. Diese Konflikte liegen in der sozialen Natur dieser Beziehungen begründet. Hieraus ergibt sich eine Generationenambivalenz, welche die enge Beziehung zwischen Liebe und Hass, Nähe und Distanz sowie Eigenständigkeit und Abhängigkeit zueinander aufweist. Zusammenfassend wird die Solidarität und gleichzeitige Differenz von Jung und Alt deutlich (vgl. Lüscher, u. A. 2010, S. 38f.).

Daraus ergibt sich das wesentliche Ziel in der intergenerativen Arbeit in öffentlichen Einrichtungen, eine Vielzahl von Begegnungsmöglichkeiten zu schaffen, welche ein kontinuierliches Miteinander ermöglichen, um der Generationenkluft entgegenzuwirken. Intergenerative Projekte, wie zum Beispiel regelmäßige gegenseitige Besuche zum Lesen, Singen, Spielen, gemeinsame Ausflüge und Spaziergänge, sollen das Lernen und Leben miteinander und voneinander fördern und unterstützen. Kontinuierliche Beziehungsarbeit von Jung und Alt mit Unterstützung der Fachkräfte, ist die Basis, um Erfahrungs- und Lernprozesse zu ermöglichen. Die kindliche Phantasie erhält neue Anregungen und die Identität und Lebensfreude der Senioren wird gefestigt. Wichtig ist es zu vermitteln, dass es bei der intergenerativen Arbeit nicht um einmalige Veranstaltungen geht, sondern um Kontinuität und dem Ermöglichen eines Beziehungsaufbaus (vgl. Jost 2014). Durch diese Beziehungen kann ein Wissenstransfer zwischen Jung und Alt stattfinden. Die junge Generation profitiert von der Lebens- und Berufserfahrung, Beständigkeit und Ausdauer. Die ältere Generation profitiert im Gegenzug von der Spontanität, der neuen Form der Wissensaneignung, der Flexibilität und Toleranz. Diese Kombination ermöglicht ein lohnendes und dynamisches Feld der Lernprozesse. Dieses intergenerative Lernen schafft die Voraussetzung für die unterschiedlichen Generationen, sich auf Augenhöhe zu begegnen, sich als Experten im jeweiligen Fachgebiet zu erkennen und erkannt zu werden (vgl. Suck/Tinzmann 2005, S. 41ff.).

2.3 Rahmenbedingungen

Bevor auf die strukturellen Rahmenbedingungen genauer eingegangen werden kann, muss zunächst berücksichtigt werden, dass die Menschen nicht nur aus unterschiedlichen Generationen kommen, sondern auch aus unterschiedlichen Lebens- und Erfahrungswelten. Die Senioren sind oft noch von der Nachkriegszeit geprägt. Sie kennen eher autoritäre Strukturen und Frontalunterricht, während die jüngere Generation durch aktive Lernprozesse und neue Lernkulturen sich autonom Wissen aneignen und einen Bezug zu ihrer Lebens- und Erfahrungswelt herstellen kann. Diese beispielhafte Ausführung der unterschiedlichen Lernerfahrungen stellt bereits eine Herausforderung an das intergenerationelle Lernangebot und die damit verbundene Angebotsstruktur dar. Weiterhin sind die unterschiedlichen Interessenslagen und der

Wunsch am Kontakt mit der anderen Generation, ein wichtiger Punkt bei der Angebotsgestaltung und Organisation (vgl. Scheunpflug/Franz 2014, S. 135ff.).

Lernprozesse müssen professionell angeleitet werden, damit alle Beteiligten davon profitieren. Dass die Jüngeren nur von den Älteren lernen, die ihr Wissen weitergeben, ist ein Trugschluss und bildet keine intergenerationellen Lernprozesse. Die Teilnehmenden müssen die Chance erhalten, voneinander, miteinander und übereinander zu lernen, unter der Berücksichtigung der jeweiligen unterschiedlichen Erfahrungen. Diese Form setzt zunächst voraus, dass Zielgruppen gefunden werden, die gleiche oder ähnliche Interessen haben und partizipativ am Prozess beteiligt werden. So entsteht Offenheit und Neugier aufeinander und die Möglichkeit sich vielfältig in den Lernprozess einzubringen. Gemeinsames, gleichberechtigtes Arbeiten ermöglicht eine Identifikation mit der Gruppe, der Thematik und des gesamten Prozesses (vgl. Scheunpflug/Franz 2009, S. 137ff.). Hierzu muss ein Rahmen geschaffen werden, welcher den Kontakt zwischen den Generationen ermöglicht, um persönliche Beziehungen entwickeln zu können. Eine gut funktionierende Kooperation und Vernetzung zwischen den Einrichtungen bildet die strukturelle Grundlage. Die Bereitstellung geeigneter Räume, räumliche Nähe zwischen Seniorenzentren und Kitas, gute Anbindungen in die Natur oder den öffentlichen Nahverkehr, bilden die Basis für ein empfehlenswertes Lernumfeld (vgl. BMFSFJ 2012, S. 40ff.).

Es ist demnach ratsam ein Netzwerk aufzubauen, welches vielfältige Angebote zulässt. Solche Netzwerke bzw. Kooperationspartner können zum Beispiel die Träger von Seniorenzentren, Vereine, Kirchengemeinden, Kitas und Schulen sein, die durch ehren- oder hauptamtliche Tätigkeiten die Arbeit unterstützen. Strukturelle Merkmale wie Räumlichkeiten, Raumnutzung außerhalb der Einrichtung, Finanzierung, Intentionen des Trägers müssen im Vorfeld geregelt sein. Zentrale Fragen wie; sind Nebenräume in den Kitas vorhanden, ist der Zugang barrierefrei möglich, ist die Raumausstattung für Kinder und Erwachsene gleichermaßen ausreichend, gibt es Räume für Bewegungsangebote oder ein kinder- und seniorenfreundliches Außengelände, müssen ebenso im Vorhinein diskutiert werden. Außerdem muss klar sein, ob die Angebote kostenneutral sind oder ob die Kooperationspartner eventuell finanziell unterstützt werden müssen (vgl. Diller 2006, S. 8ff.).

Dies ist sicherlich nur eine geringe Auswahl an entscheidenden Fragen, die es zu erörtern gilt, bevor Lern- und Erfahrungsangebote angeregt und gestaltet werden können. Darüber hinaus ist es erforderlich, die intergenerative Arbeit in der Konzeption zu verankern. Ziele, Inhalte und Methoden der Arbeit, Rahmenbedingungen und Perspektiven müssen schriftlich festgehalten werden und sollten mit dem pädagogischen Ansatz der Einrichtung kompatibel sein. Für die Einrichtungen in der Altenhilfe gilt dies gleichermaßen. Auf diesem Weg kann Beständigkeit in der Umsetzung erreicht werden. Die typisch bekannten Veranstaltungen, wie zum Beispiel das Singen im Advent, sind nicht mehr einmalige Begegnungen, sondern gehören zu den kontinuierlichen Highlights des Jahres. Durch die gemeinsame Konzeption wird ein klarer unterstützender Rahmen, verbindlich ist für alle pädagogischen Fach- und Pflegekräfte festgeschrieben. Die konzeptionelle Ausarbeitung bietet die Chance, eine gemeinsame Arbeitsgrundlage zu schaffen, bei der die intergenerative Arbeit systematisch weiterentwickelt werden kann. Mit dieser Grundlage können Perspektiven geschaffen werden, um zusätzliche Mittel beantragen zu können. Voraussetzung ist die gemeinsame Erarbeitung der Mitarbeitenden beider Institutionen. So kann der Ansatz ein fester und unverzichtbarer Bestandteil des Alltags in den Einrichtungen und eine Bereicherung für alle Beteiligten und Akteure werden (vgl. Miedaner 2001, S. 37ff.).

2.4 Zusammenfassende Begriffsbestimmung

Bei der intergenerativen Arbeit sollte jeder die Chance erhalten, Teil der Generationenfolge zu werden. Die Personen, die diesen Ansatz umsetzen, haben die Aufgabe, Begegnungen zwischen mindestens zwei Generationen zu initiieren, die sonst nicht miteinander in Kontakt gekommen wären. Die Interaktion, welche gleichgesetzt wird mit Worten wie Kommunikation, Gegenseitigkeit, Verständigung, Beziehung, und die daraus entstehenden Lernprozesse sind ein Gewinn für die Lebenssituation aller Beteiligten und Akteure. Voraussetzung ist die kontinuierliche, aktive und dauerhafte Umsetzung in der Praxis. Nur so kann gewährleitstet werden, dass die Generationen voneinander – miteinander – übereinander gemeinsam lernen und sich gegenseitig bereichern. Einmalige passive Begegnungen und Veranstaltungen können Highlights der Arbeit sein, aber keine Form des gegenseitigen Austauschs und der Nachhaltigkeit. Im Vordergrund des intergenerativen Ansatzes steht die individuelle Begegnung und kontinuierliche Interaktion der Generationen.

Begriffe wie Generationsübergreifend, Intergenerationell, Generativität, intergenerative Begegnungen oder der intergenerative Dialog werden dem des intergenerativen Ansatzes gleichgesetzt und synonym verwendet.

3 Betriebswirtschaftliche Betrachtung

Aus dem vorangegangenen Kapitel wurde deutlich, dass die intergenerative Arbeit einerseits das Ergebnis des demographischen Wandels ist. Auf der anderen Seite wurden die hohe Bedeutung und der Vorteil für alle Beteiligten und Akteure deutlich.

Im folgenden Kapitel stellen sich folgende Fragen: Wie kann eine Einrichtung diesen Ansatz betriebswirtschaftlich umsetzen und sich mit dem Alleinstellungsmerkmal auf dem Markt positionieren? Wie kann die Identität einer Marke geschaffen werden, sodass sich die Mitarbeitenden der verschiedenen Häuser mit dieser Arbeit identifizieren und eine effektive Konzeptionsarbeit umsetzen können? Und welche Finanzierungsmöglichkeiten gibt es für die praktische Umsetzung der intergenerativen Arbeit?

Mit diesen Fragen setzt sich dieses Kapitel auseinander und zeigt ein betriebswirtschaftliches Konzept auf, welches dabei helfen kann, die intergenerative Arbeit zu vermarkten. Es werden substanzielle Themen erörtert und eine erste Orientierung geschaffen.

3.1 Positionierung der Einrichtung am Markt

Der Markt ist der Platz an dem Menschen Dinge austauschen. Auf der einen Seite stehen die Nachfragenden mit ihren Bedürfnissen, auf der anderen Seite stehen die Anbietenden mit ihren Leistungen. Häufig wird die Leistung gegen Geld eingetauscht.

Abbildung 7: Anbieter-Nachfrager Modell

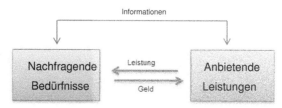

Quelle: Eigene Darstellung in Anlehnung an: einfaches Anbieter-Nachfrager-Modell als Ausgangspunkt 2015

Je nach Bereich ist der Zugang für die Nachfragenden unterschiedlich. Im Kita sowie im Seniorenbereich ist der Markt durch Zugangsvoraussetzungen, wie Bedarfsplanung, Betriebserlaubnis, Alter etc., für Kunden beschränkt. Daher wird von einem stark geschlossenen Markt gesprochen. Angeboten werden immaterielle Leistungen, personelle, sachliche und immaterielle Leistungsfähigkeiten (vgl. Meffert, u. A. 2012, S. 4ff.). Die Kunden müssen von den angebotenen Leistungen erfahren, um diese nutzen zu können. Hierzu spricht man von Marketing. *„Marketing ist die Planung, Koordination und Kontrolle aller auf die aktuellen und potentiellen Märkte ausgerichteten Unternehmensaktivitäten" (Meffert, u. A. 2012, S. 11).*

Um das jeweils richtige Alleinstellungsmerkmal, welches langfristig umsetzbar sein sollte, für den eigenen Standort herauszufinden, ist die Bedarfs- und Standortanalyse unumgänglich. Diese Analyse hat eine fortwährende, konkrete Abfolge, welche in Abbildung 8 veranschaulicht und im folgenden Abschnitt beschrieben wird.

Abbildung 8: Bedarfs- und Standortanalyse

Quelle: Eigene Darstellung in enger Anlehnung an Meffert, u. A. 2012, S. 20

Wie im vorangegangenen Kapitel aufgezeigt, hat sich die Altersstruktur der Gesellschaft, insbesondere in den letzten Jahrzehnten, sehr verändert. Kontakte zwischen den Generationen sind vorhanden, allerdings fehlen der tägliche Umgang und das Miteinander. Die Prognose für die kommenden Jahrzehnte zeigen (Abbildung 1-3, Seite 11-12), dass der Trend dieser Entwicklung noch weiter voranschreitet. Diesem Zustand muss frühzeitig mit Hilfe einer Strategie entgegen gewirkt werden, um sich als Träger langfristig zu etablieren und den Standort zu sichern.

Bevor diese Strategie geplant werden kann, müssen die Marketingziele festgelegt sein. Es ist sinnvoll, die Marketingziele in drei Zielkategorien zu teilen. Potentialbezogene Marketingziele, wie z.b. Kundenzufriedenheit, Image des Leistungsangebotes, Einstellung der Kunden zum Leistungsangebot und zum Unternehmen selbst, der Bekanntheitsgrad des Leistungsangebotes und noch Weitere, sind im ersten Schritt zu berücksichtigen.

Die markterfolgsbezogenen Marketingziele wie z.b. die Zahl der Kunden, die Kundenloyalität, der Marktanteil oder die Kundendurchdringung, bauen auf den ersten Zielen auf, bevor im dritten Schritt die wirtschaftlichen Marketingziele festgesetzt werden. Hierbei geht es unter anderem um die Marketingkosten, den Deckungsbeitrag oder den Gewinn (vgl. Homburg/Krohmer 2009, S. 418ff.).

Abbildung 9: Aufbau der Marketingziele

Quelle: Eigene Darstellung in Anlehnung an Homburg/Krohmer 2009, S. 418ff.

Übertragen bedeutet dies, dass mit einem interessanten Leistungsangebot wie der intergenerativen Arbeit, eine hohe Kundenzufriedenheit durch gegenseitige Bereicherung erzielt werden kann. Durch vermehrte Nachfrage wird der Marktanteil gesteigert und der daraus formulierte Bedarf ermittelt. Der Träger und die Institutionen selbst dürfen sich nicht als Einzelhäuser, sondern als eine Gemeinschaft sehen, welche ebenso finanziell miteinander und voneinander leben müssen, insbesondere um auch eine Kostendeckung oder Umsatzrenditen zu erzielen. Die Antwort auf die Kernfrage der Marketingziele, was wollen wir als Unternehmen erreichen, ist die Basis des nächsten Schrittes, der Planung der Marketingstrategie.

Die Strategien sind die Maßnahmen zur Zielerreichung, welche lang-, mittel- und kurzfristig angelegt sein können. In dieser Phase wird das Konzept für das Unternehmen festgelegt und somit die grundlegende Richtung des Wirkungskreises auf dem Markt vorgegeben (vgl. Meffert, u. A. 2012, S. 21ff.). Außerdem werden die Verteilung der Ressourcen und der Handlungsrahmen für die einzelnen Funktionsbereiche festgelegt (vgl. Homburg/Krohmer 2009, S. 420f.).

Eine zentrale Frage ist die des Kundennutzens und die Positionierung gegenüber den Wettbewerbern. Hier stehen der Nutzen und der angestrebte Wettbewerbsvorteil im Vordergrund. Der funktionale Nutzen ist die Wirkung der Grundfunktion für den Kunden. Dies bedeutet, in erster Linie werden sowohl Senioren, als auch Kinder in einer sozialen Einrichtung betreut. Der ökonomische Nutzen ist die Wirkung des Wertes eines Produktes. Durch die Zusammenlegung einer Kita mit einem Seniorenzentrum können Gelder rentabler und sorgfältiger eingesetzt werden. Dies könnte beispielsweise durch die Schaffung von Gemeinschaftsplätzen oder gemeinsamen Wareneinkauf und gegenseitige Unterstützung erfolgen. Der prozessbezogene Nutzen entsteht durch leichte Nutzungsvorgänge. Kinder und Senioren werden einerseits betreut und haben gleichzeitig die große Chance des miteinander Lebens und Lernens. Der emotionale Nutzen ist das Ergebnis eines positiven Gefühls, ausgelöst durch ein Produkt. Durch die gegenseitige Bereicherung von Jung und Alt erhalten beide Generationen mehr Lebensqualität. Der soziale Nutzen benötigt zur positiven Emotion noch ein soziales Umfeld. Dieser Nutzen besteht darin, dass die Nachfrage an Betreuungsplätzen für eine solche Einrichtung steigt, da andere Menschen darauf aufmerksam werden und diesen Ansatz schätzen. Der angestrebte Wettbewerbsvorteil wird durch das hervorgehobene Merkmal erreicht. Hierfür ist die Hilfe einer Wettbewerbsstrategie notwendig, mit dem Ziel, einen leistungsbezogenen Vorsprung des Unternehmens zu erreichen, auf der Basis eines überlegenen Produktes und der besseren Kundenbeziehungen (vgl. Homburg/Krohmer 2009, S. 489ff.).

Dieser strategische Aufbau bildet die Grundlage für die operative Marketingplanung. Die operative Ausrichtung beschäftigt sich mit den „7P´s" des Marketing-Mix. In der Ursprungsform sind vier Bereiche aufgeführt. Im Rahmen des Dienstleistungsmarketings wurden in den letzten Jahren drei Bereiche hinzugefügt. In diesem Schritt wird bearbeitet, welche Maßnahmen konkret ergriffen werden müssen.

Abbildung 10: Marketing-Mix

Quelle: Eigene Darstellung in Anlehnung an Homburg/Krohmer 2009, S. 509f.

Die Produktpolitik klärt Fragen nach der Gestaltung, der Qualität, der Strukturierung und Positionierung der Marke. Wie soll die intergenerative Arbeit auf dem Markt präsentiert werden? Wie sehen die Inhalte der Arbeit aus? Die noch Unwissenden werden mit dem Produkt vertraut gemacht. Die Price Politik beschäftigt sich mit den entstehenden Kosten in Relation zu dem Produkt. Für welche Leistungen wird welcher Preis festgelegt? Gibt es beispielsweise die Möglichkeit, ehrenamtlich Helfende für die übergreifende Arbeit zu gewinnen? Die Place Politik beschäftigt sich mit dem Vertrieb eines Produktes oder einer Dienstleistung. Die zentrale Frage der Kundengewinnung und Kundenbindung wird hier bearbeitet. Durch die Kooperation zwischen Jung und Alt werden alle Altersgruppen angesprochen, somit steht nicht nur die Betreuung von Jung und Alt zur Diskussion, sondern auch die Schaffung von Arbeitsplätzen für die noch berufstätige Generation. Die Promotion Politik beschreibt den Prozess und den Erfolg der Kommunikation. Genaue Überlegungen zur Formulierung von Aussagen und Informationen sowie die Nutzung der Kommunikationsinstrumente werden angestrebt. Dabei ist die Kommunikation nach innen ebenso wichtig wie die Kommunikation nach außen. Zielgruppen und Kommunikationsziele müssen festgelegt werden. Eine Zielgruppe kann die Familie sein, welche einen Betreuungsplatz sucht; eine andere, können Senioren sein, die genauso die Möglichkeiten der Betreuung suchen und Interesse an dieser besonderen Form finden. Eine weitere Zielgruppe kann die berufstätige Generation bilden, welche Interesse hat, bei einem solchen Ansatz mitzuarbeiten (vgl. Homburg/Krohmer 2009, S. 509f.).

Die People Politik beschäftigt sich mit der innerbetrieblichen Leistungsbereitschaft und Motivation aller Mitarbeitenden zum Unternehmen und zu den Arbeitsaufträgen. Im Mittelpunkt stehen die Mitarbeiterzufriedenheit, das Einfühlungsvermögen gegenüber den Kunden sowie die Vertrauenswürdigkeit und eine kundenorientierte Teamarbeit. Bei der intergenerativen Arbeit ist es wichtig, dass die Mitarbeitenden keine Berührungsängste weder zu Jung, noch zu Alt haben. Das Verständnis für den jeweils anderen Arbeitsbereich muss vorhanden sein, um für die Kinder und Senioren ein ansprechendes Erfahrungsfeld zu schaffen. Die Prozess Politik beschreibt den Aufbau und die Koordination eines Netzwerkes. Diese Aufgabe ist Teil der Führungskräfte vor Ort. Kooperationspartner für unterschiedliche Themenfelder erleichtern die Arbeit und ermöglichen es, von den Erfahrungen und unterschiedlichen Sichtweisen der Kooperationspartner zu profitieren. So können Lernangebote eventuell von Experten begleitet werden, welche die Interessen der Beteiligten wecken können. Der letzte Bereich, Physical Facilities, beschreibt den Bereich der anregenden Lernumgebung, das Design des Gebäudes, die Möglichkeiten der Ausstattung. Diese Ausstattungspolitik ist die Visitenkarte der Einrichtungen und bildet die Brücke zwischen Kunden und Anbietenden. So ist es beispielsweise wichtig, dass Senioren auch mit Rollatoren und Rollstühlen in die Kita können und gleichzeitig Aufenthaltsräume im Seniorenbereich unter Anderem Bücher und Spiele für Kinder besitzen oder Veranstaltungen ansprechend für Jung und Alt gestaltet werden (vgl. Negri 2010, S. 291ff.).

Nach dieser umfangreichen theoretischen Vorarbeit wird die Marketing-Implementierung, die Realisierung und Durchsetzung durch entsprechende Verantwortliche, Führungskonzepte und Budgets sichergestellt. Zuständigkeiten müssen geklärt und Abteilungen eingerichtet werden. Die letzte Phase, das Marketingcontrolling, bildet den Abschluss des Marketingprozesses. Die Ziele werden überprüft, Abweichungen festgestellt, Maßnahmenanpassungen erörtert. Dieses Controlling findet in jeder Phase statt. In dieser letzten Phase wird das Augenmerk allerdings auf den gesamten Prozess gerichtet. Es sollte ein Konzept ausgearbeitet sein, das die Kunden anspricht und langfristig von Nutzen ist (vgl. Meffert, u. A. 2012, S. 23).

3.2 Interne Markenführung – Umsetzung der Markenidentität

„Marken müssen nach außen und innen gelebt werden! Denn eine schöne Hülle ohne Kern bleibt immer nur eine Hülle" (Esch 2014, S. 145).

Die interne Markenführung richtet demnach den Blick zum Inneren des Unternehmens, den Mitarbeitenden. Diese erwecken die Marke erst zum Leben, bilden die Identität und haben besonders im Bereich der Dienstleistung einen maßgeblichen Einfluss auf das Image eines Unternehmens bzw. einer Marke. Die eigenen Persönlichkeitsmerkmale überträgt jede Mitarbeitende auf die Identität der Marke. Daher ist es bedeutend, dass die Einstellung der Mitarbeitenden zu dem Markenzeichen übereinstimmen (vgl. Aaker 2000, S. 95f.).

Dies zeigt sich besonders in personenbezogenen Dienstleistungen. Die Ansprache, das Bemühen und das Auftreten der Mitarbeitenden und ebenso die Umsetzung der Arbeiten gegenüber den Kunden spielen eine entscheidende Rolle bei der Markenidentität. Das große Ziel der internen Markenführung ist es, die Mitarbeitenden zu Markenbotschaftern zu machen (vgl. Wittke-Kothe 2001, S. 33 f.).

Die Mitarbeitenden sollen motiviert sein, sich mit der Marke auseinanderzusetzen und sich damit zu identifizieren. Daher ist es notwendig, als Träger oder Leitung einer Einrichtung, Orientierung und Vertrauen zu schaffen, sowie Klarheit für die Marke selbst. Das Personal muss die Marke leben, um diese authentisch nach außen tragen zu können (vgl. Wittke-Kothe 2001, S. 10f.). Bei der intergenerativen Arbeit ist es daher unumgänglich, dass die Mitarbeitenden sich sowohl mit der Kleinkind- als auch mit der Seniorenarbeit identifizieren können. Sind eventuell Vorbehalte im Umgang mit den unterschiedlichen Altersgruppen vorhanden wird die praktische, tägliche Arbeit problematisch und mühsam, da die Mitarbeitenden ständig etwas tun müssen, was ihnen nicht liegt bzw. Kontakt mit einer Altersgruppe haben, welche ihnen Schwierigkeiten bereitet.

Der internen Markenführung liegt ein Führungskonzept zugrunde, das ein Selbstbild darstellt und so zu einem für die externe Zielgruppe bekanntem Markenimage entwickelt wird. Hierzu muss für die Mitarbeitenden klar sein, welche Kompetenzen das Unternehmen, sowie der vorhandene Personalstamm hat, welche Werte wichtig sind, wie die Kommunikation miteinander stattfindet und welche Ziele und Visionen jede Einzelne und das Unternehmen haben.

Abbildung 11: Aufbau der Markenidentität

Quelle: Eigene Darstellung in Anlehnung an Burmann, u. A. 2012, S. 44

Aus diesen dargestellten Themen entwickelt sich die Leistung, die vermarktet werden soll und eine Identität entsteht. Durch das Verhalten und der tatsächlichen Arbeit entsteht eine Marke-Kunden-Beziehung. Die Kunden lernen die Arbeit und die Marke kennen, erleben Aktionen, bilden sich ein Urteil und tragen dieses weiter an andere Kunden. Durch diesen Aufbau entsteht eine Unternehmensidentität und somit ein Image für die externe Zielgruppe (vgl. Burmann, u. A. 2012, S. 73f.).

Im Folgenden zeigt Abbildung 12 wie der Aufbau der Markenidentität für den intergenerativen Ansatz gestaltet werden könnte. Die Betrachtung stellt eine erste Charakterisierung dar, welche bei der konkreten Umsetzung weiter ausgebaut werden muss.

Abbildung 12: Aufbau der Markenidentität „Intergenerativ"

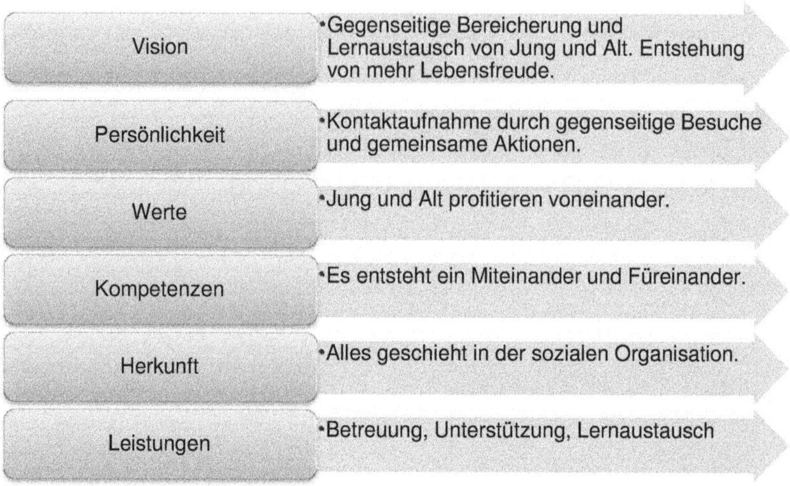

Vision	•Gegenseitige Bereicherung und Lernaustausch von Jung und Alt. Entstehung von mehr Lebensfreude.
Persönlichkeit	•Kontaktaufnahme durch gegenseitige Besuche und gemeinsame Aktionen.
Werte	•Jung und Alt profitieren voneinander.
Kompetenzen	•Es entsteht ein Miteinander und Füreinander.
Herkunft	•Alles geschieht in der sozialen Organisation.
Leistungen	•Betreuung, Unterstützung, Lernaustausch

Quelle: Eigene Darstellung

Es wird deutlich, dass die Mitarbeitenden eine tragende Rolle bei der Entwicklung der Identität – Corporate Identity – innehaben und wie bedeutungsvoll das gemeinsame Ziel, die gemeinsamen Werte, Überzeugungen und Visionen sind. Durch diese Kommunikation und dem Erscheinungsbild des Unternehmens wird die Unternehmenspersönlichkeit ausgedrückt (vgl. Burmann, u. A. 2012, S. 40ff.).

So entsteht ein ganzheitliches Kommunikationsinstrument, das den Orientierungsrahmen für die gesamten Kommunikationsprozesse eines Unternehmens nach innen und außen darstellt. Diese Identität, Corporate Identity, wird in vier Teilbereiche untergliedert:

- Corporate Design
- Corporate Communication
- Corporate Behavior
- Corporate Volunteering

Corporate Design, beschreibt die optische Umsetzung der Identität. Diese kann in Form von Architektur, Farben, Schriften, Logos, Namen oder Zeichen dargestellt werden (vgl. Homburg/Kroher 2009, S. 803f.). Übertragen auf die intergenerative Arbeit bedeutet dies, dass beispielsweise alle Mitarbeitenden ein einheitliches Namensschild tragen, wenn sie im Außenbereich sind. Dies bietet Orientierung, besonders für die Senioren und stellt die Mitarbeitenden als Ansprechpartner dar. Schriftzüge sowie das Logo des Trägers sollten deutlich an den Gebäuden erkennbar sein. Besondere Themen oder Schwerpunkte können sich auch im Inneren der Gebäude widerspiegeln. Durch diese klare Darstellung wird den Beteiligten Sicherheit vermittelt und eine Struktur bzw. ein Rahmen vorgegeben. Ein eigenes Logo für die intergenerative Arbeit vermittelt Gemeinschaft und Klarheit. Die besonderen Projekte können damit gekennzeichnet werden, sodass auch ohne Sprache oder Schrift erkennbar wird, um welches Angebot es sich handelt.

Corporate Communication beschreibt die Verbreitung von Botschaften innerhalb und außerhalb des Unternehmens (vgl. Homburg/Krohmer 2009, S. 804). Gerade beim Aufbau einer Marke ist es notwendig, diese bekannt werden zu lassen. Intergenerative Projekte sollten daher auf der Homepage eines Unternehmens zu finden sein oder mit Hilfe der Print Medien vorgestellt werden. Hierbei ist der Einsatz des gemeinsamen Logos sehr bedeutsam, um von Beginn an einen Wiedererkennungswert zu implementieren. Gemeinsame Veranstaltungen, Ausflüge, Feste bieten eine Plattform für Werbung und Präsentation der Arbeit. So können beispielsweise bei Festen, Aktionen ohne Altersbegrenzung angeboten werden.

Corporate Behavior beschreibt das Verhalten der Mitarbeitenden. Hierzu zählen die Kontaktaufnahme, die Interaktion, der Auftritt in der Öffentlichkeit sowie die Kommunikation mit den Kindern, Eltern, Senioren, Kolleginnen und anderen Interessierten (vgl. Homburg/Krohmer 2009, S. 804). Bei der intergenerativen Arbeit stellt das Verhalten der Mitarbeitenden gegenüber den verschiedenen Generationen oftmals eine Herausforderung dar. Senioren wollen nicht wie Kinder behandelt werden, brauchen aber manchmal unbewusst einen ähnlich aufgebauten Zugang im Umgang mit Anderen. Kinder müssen im Gegenzug lernen, auf die älteren Menschen langsamer zuzugehen. Diese Verhältnismäßigkeiten müssen von den Mitarbeitenden begleitet und unterstützt werden, indem diese offen im Umgang mit allen Beteiligten sind, Wertschätzung vermitteln und diese gleichzeitig intern selbst erfahren. Daher ist eine interne gute Kommunikation und wertschätzendes Verhalten im Team von großer Bedeutung und Wichtigkeit für das Verhalten der Mitarbeitenden.

Corporate Volunteering ist die Form der Freiwilligenarbeit, die von den Personen vor Ort, den Leitungskräften und Trägern anerkannt und wertgeschätzt werden muss. Der oberste Grundsatz sollte daher Neutralität und Offenheit für die Freiwilligen sein, ohne Beachtung des Alters, der Herkunft, des Geschlechtes, der körperlichen, sozialen oder wirtschaftlichen Lage. Im Rahmen des Corporate Volunteering müssen diese Grundsätze und ein einheitlicher Umgang geregelt werden (vgl. Bock 2002, S. 11f.). Hauptaufgabe des Trägers beim Aufbau einer Identität und der internen Markenführung ist es demnach, ein Vertrauensfeld zu schaffen, welches Glaubwürdigkeit, Kompetenz und Sicherheit vermittelt und die Mitarbeitenden in ihrem Tun unterstützt. Nur so kann ein solides Selbstbild für die Mitarbeitenden entstehen, welches glaubhaft vermittelt und in einer Konzeption erfasst werden kann.

3.3 Finanzierungsmöglichkeiten

In Zeiten knapper Kassen ist es notwendig geworden, die Finanzierung auf mehrere Säulen zu verteilen. Die Kindertagesstätte als Non-Profit-Organisation stellt hierbei eine große Herausforderung dar. Die Säulen der Finanzierung sollten daher folgendermaßen verteilt sein:

Abbildung 13: Finanzierung

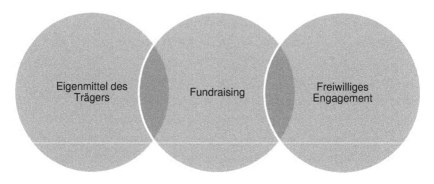

Quelle: Eigene Darstellung

Anders als bei den Mehrgenerationenhäusern gibt es für die intergenerative Arbeit keine öffentlichen Mittel. Die Verteilung der Kosten auf die verschiedenen Säulen bildet den wirtschaftlichen Sockel für die intergenerative Arbeit. Für den Träger bedeuten der Aufbau und die Unterhaltung einer Kita und gleichzeitig eines Seniorenzentrums doppelte Belastung, da beide Bereiche gleichzeitig finanziert und unterhalten werden müssen (vgl. Burghardt 2014, S. 290ff.). Um vielfältige und nachhaltige intergenerative Projekte zu schaffen, sowie die Unterhaltung der Gebäude zu gewährleisten, ist eine intensive und breitgefächerte Mittelbeschaffung notwendig. So können beispielsweise mit Gründung eines Fördervereins, Mitgliedsbeiträge zur Unterstützung dienen oder durch Sach- und Geldspenden die finanziellen Mittel verbessert werden. Durch Raumvermietungen, Bewirtungen an Festen, Materialverleih für Kindergeburtstage, Eintrittsgelder für Veranstaltungen, Verkäufe an Basaren und Weiteres können Einnahmen erzielt und somit Eigenmittel erwirtschaftet werden.

Das Fundraising beinhaltet einen sehr komplexen Prozess und lebt hauptsächlich von der Initiative und Aktivität der Beteiligten und Akteure. Besonders im Fundraising wird deutlich, wie wichtig es ist, dass die Mitarbeitenden hinter der Marke stehen und diese verkörpern. Durch deren Initiative und Engagement für die Arbeit oder ein bestimmtes Projekt kann dieser Funke der Begeisterung auf potentielle Unterstützende überspringen (vgl. Burghardt 2014, S. 290ff.). Fundraising gliedert sich in verschiedene Bereiche.

Abbildung 14: Fundraisingbereiche

Quelle: Eigene Darstellung in Anlehnung an Knoth 2011

Beim Sponsoring wird die Einrichtung meist durch Geld- und / oder Sachleistungen unterstützt. Die Sponsoren dürfen dafür im Gegenzug selbst werben. Diese Form bietet sich zum Beispiel für bestimmte Projekte und Aktionen an (vgl. Bannenberg 2002, S. 12). Gibt es eventuell ein Bewegungsangebot für Jung und Alt, könnte die Krankenkasse Gymnastikbälle mit ihrem Logo sponsern.

Spenden sind eine freiwillige Leistung zugunsten eines Projektes. Die Spender erhalten keine Gegenleistung, lediglich eine Quittung. Spenden können klein, groß, einmalig oder regelmäßig wiederkehrend sein (vgl. Bannenberg 2002, S. 12).

Eine weitere Möglichkeit bietet die Kooperation mit einer Stiftung. Eine Stiftung legt das Vermögen, welches sie übertragen bekommt, sicher und gewinnbringend an. Die daraus erzielten Überschüsse werden für gemeinnützige Zwecke ausgegeben. In Deutschland gibt es weit über 20.000 Stiftungen. Die Stiftungen sind meist themen- oder regionsbezogen. Hier ist eine ausführliche Recherchearbeit notwendig. Mit Hilfe des Stiftungsverzeichnisses, www.stiftungenverzeichnis.de oder dem Aktionstag der Stiftungen, des Bundesverbandes Deutscher Stiftungen, kann diese Recherchearbeit erleichtert werden (vgl. Bundesverband Deutscher Stiftungen e.V. 2014). Aufgabe der Leitungskräfte vor Ort ist es daher, die passende Stiftung als Förderer bzw. Unterstützer für die intergenerative Arbeit zu gewinnen. Hierzu ist es notwendig ein Konzept vorzulegen, um im ersten Schritt herauszufinden, welche Stiftungen überhaupt passen. Im zweiten Schritt muss das Konzept den Vorstand der Stiftung überzeugen, die Arbeit vor Ort zu unterstützen. Diese Form der Hilfe ist zu Beginn sehr arbeitsintensiv, bringt allerdings Beständigkeit für die Finanzierung auf Dauer. Beim Bundesverband Deutscher Stiftungen kann die Einrichtung die, für ihr Themengebiet passende, Stiftung ermitteln. Auf der Homepage des Stiftungsverzeichnisses, sind die Stiftungen nach Bundesländern unterteilt. So erhalten die Interessierten einen ersten Überblick sowie Kontaktdaten und Ansprechpartner. Hierzu sind im Anhang dieser Abhandlung eine Auswahl von Adressen, Kontaktdaten und ggf. Ansprechpersonen aufgeführt.

Als weitere Säule wird das freiwillige Engagement benannt. Die intergenerative Arbeit benötigt Menschen, die bei Angeboten unterstützen, Spendenprojekte begleiten, Aktionen planen, Ausflüge mitgestalten. Der Vielfalt der Aufgaben sind keine Grenzen gesetzt. Zu diesem Zweck kann der Einsatz sehr unterschiedlich und projektabhängig sein. Dieses freiwillige Engagement erfolgt in aller Regel ohne finanzielle Mittel. Das Ehrenamt ist eine sinnstiftende Tätigkeit für die ausführende Person (vgl. Burghardt 2014, S. 300). Diese Form des Ehrenamtes hat sich allein durch die Begrifflichkeit, siehe Kapitel 3.2, in den letzten Jahren stark gewandelt. Corporate Volunteering, der neue Begriff von Freiwilligenarbeit aus den Wirtschaftsunternehmen kommend, reiht sich zu einem Teil ins Corporate Identity ein. Die freiwillige Arbeit wird als Ergänzung der professionellen, sozialen Arbeit gesehen (vgl. Rosenkranz 2002, S. 8ff.). Daher sollte zur Förderung des freiwilligen Engagements, der Einsatz, die Bereitschaft und somit der Wert des Volunteers anerkannt und die Menschen dazu ermutigt werden, sich ehrenamtlich für eine Sache zu engagieren. Diesbezüglich bedarf es der Bereitstellung von Informationen und einfachen Zugängen. Das Angebot der Hospitation oder die Möglichkeit für ein Praktikum, sollten Chancen bieten, sich mit der Institution und den Freiwilligen bekannt zu machen. Der Aufbau von Netzwerken ist eine notwendige Voraussetzung, um ein möglichst umfangreiches Repertoire an Freiwilligen sicherzustellen. Die Interessierten sollten bei einer Zusammenarbeit die Möglichkeit erhalten, durch Partizipation die Projekte mitzubestimmen und so eine enge Bindung zum Unternehmen bzw. zu einer Sache aufzubauen. Eine nachhaltige und langfristige Zusammenarbeit kann so gewährleistet werden (vgl. Bock 2002, S. 11f.).

Mittels dieser drei Säulen kann die intergenerative Arbeit getragen werden. Grundvoraussetzung ist ein ausgearbeitetes Konzept, eine klare Positionierung und Präsentation der Einrichtungen auf dem Markt und Mitarbeitende welche diese Arbeit leben, sich damit identifizieren und eine Einheit mit der Einrichtung bilden. So können die Säulen der Finanzierung ein Fundament für die praktische Arbeit darstellen. Das gemeinsame Ziel, ein Lernfeld für Jung und Alt zu schaffen, verbindet die Menschen die in einer solchen Einrichtung leben, arbeiten, diese unterstützen und die Arbeit zukunftsfähig und nachhaltig umsetzen.

4 Pädagogische Betrachtung

Im vorangegangen Kapitel wurde die betriebswirtschaftliche Herangehensweise zur Umsetzung der intergenerativen Arbeit näher analysiert. Die wesentliche Rolle der Fachkräfte wurde besonders bei der Identitätsbildung deutlich. Das folgende Kapitel setzt sich mit den Fachkräften aus pädagogischer Sicht auseinander. Diese Vertiefung ist von wesentlicher Bedeutung, denn für die intergenerationellen Begegnungen und Lernerfahrungen sind die Fachkräfte nicht ausgebildet. Daher muss die pädagogische Betrachtungsweise auf die Rolle und Haltung der Fachkräfte, auf essenzielle Fragen nach Erwartungen und Bedenken sowie nach dem Wert und dem Gewinn für alle Beteiligten und Akteure genau analysiert und bearbeitet werden.

Am Ende richtet sich der Blick auf den Lernaustausch und die gemeinsamen Lernprozesse von Jung und Alt durch Unterstützung und Mitarbeit aller Beteiligten und Akteure.

4.1 Rolle und Haltung der beteiligten Fach- und Pflegekräfte

Die Haltung der Fachkräfte hat eine entscheidende Schlüsselfunktion inne. Dies wurde bereits mehrfach deutlich. Voraussetzung für eine gelingende Arbeit ist der Aufbau einer sicheren Bindung zwischen Kind und Fachkraft. Dies ermöglicht den Kindern sich zu öffnen und die Welt zu entdecken (vgl. Leu 2011, S. 78f.).

Diese hohe Bedeutung der Bindung lässt sich ebenso auf die Senioren und deren Pflegekräfte übertragen. Senioren brauchen Sicherheit und Kontakt zu Anderen. Sie benötigen kleinere Gruppen, damit Vertrauensbeziehungen entstehen können. Sie müssen die Chance haben, ihre Mitmenschen mit einer gewissen Verlässlichkeit einschätzen zu können und sich somit sicher zu fühlen (vgl. Eibl-Eibesfeldt, 1970, S.252ff.)

Die Pflegekräfte haben die Aufgabe, die ihnen anvertrauten Senioren bei der Bewältigung ihres Alltags und dem Streben nach Wohlbefinden, der Sicherstellung der physischen, psychischen und sozialen Funktionen zu begleiten und zu unterstützen sowie ihnen Bildungsprozesse zu ermöglichen (vgl. Santer, u. A. 2004, S. 47). Bindung und Beziehung bei Senioren nehmen einen gleichermaßen hohen Stellenwert ein, wie auch in der frühkindlichen Betreuung in der Kindertagesstätte. Die Bindung in der frühen Kindheit ist das Sicherheitsnetz, der sichere Hafen, der die individuelle Entwicklung und Aneignung von Welt erst möglich macht. Der alternde Mensch taucht wieder ein Stück weit, je nach Krankheitsbild, in diese Welt hinein. Dementsprechend ist das Bedürfnis nach Bindung, Halt und Sicherheit gleichermaßen hoch, wie bei den Kindern. Dieses Wissen über die außerordentliche Bedeutung der Bindung, egal ob Jung oder Alt, ist eine entscheidende Grundlage für die Haltung der Fachkräfte. Dementsprechend müssen diese eine Rolle ausfüllen, bei der sie einen festen Bezugspunkt für die ihnen anvertrauten Menschen sind. Sie sorgen für vielfältige und interessante Begegnungen im Alltag, schaffen Anreize zum Miteinander und zur Erkundung der Welt. Das oberste Ziel der pädagogischen und pflegerischen Fachkräfte liegt demnach darin, dieses professionelle Wissen, die stetige Selbstreflexion sowie das fachliche Handeln immer im Blick zu haben und die dazu passende Haltung widerzuspiegeln. Dieses Verhalten drückt die Gesamtheit der inneren Einstellungen, Gefühle und Vorstellungen aus und prägt entscheidend die Identität der Einrichtung (vgl. Welling 2004).

Demnach lässt sich sagen, dass die Rolle der Mitarbeitenden in der Aufgabe liegt, zwischen den sehr unterschiedlichen Lebenswelten von Kindern und Senioren, trotz nahezu gleicher elementarer Bedürfnisse, zu vermitteln. Sie müssen Formen, Konzepte und Umsetzungsmöglichkeiten zur gemeinsamen Begegnung schaffen sowie gemeinsame Interaktion durch Aktionen, Veranstaltungen und eine Kontinuität an Kontakten sicherstellen. Kinder und Senioren müssen eine Chance erhalten, sich zu begegnen und Beziehungen miteinander aufzubauen (vgl. Jost 2014). Der sichere Hafen der Fachkräfte trägt und begleitet diese neuen Beziehungen. Doch wie kommen die Fachkräfte zu einer solchen Haltung? Was ist Haltung überhaupt und kann die „richtige" Haltung erlernt werden? Wer entscheidet über richtig und falsch?

Die Grundsätze der Haltung bauen auf einem Menschenbild auf, basierend auf den Vorstellungen, welche eine Person über das Menschsein hat. Diese Vorstellung beeinflusst die Haltung und die Art, wie die Menschen miteinander in Beziehung treten. Die Merkmale Empathie, Akzeptanz und Kongruenz sind dabei charakterisierende Aspekte (vgl. Welling 2004). Haltung kann demzufolge gleichgesetzt werden mit Authentizität. Wer authentisch ist, zeigt eine dauerhafte Übereinstimmung zwischen dem gezeigten Verhalten und den inneren Einstellungen, auch gegen äußere Widerstände und andere Ansichten (vgl. Etzemüller 2014). Die persönliche Einstellung und

Überzeugung spielt immer eine Rolle. Wenn diese auch eher im Hintergrund agieren, sind sie doch nie ausblendbar. Man kann lernen, seine Gedanken zu kontrollieren und sich in bestimmten Situationen nach einem bestimmten Muster zu verhalten (vgl. Krüll 2014). Doch dieses erlernte Verhalten wäre wie ein permanentes Schauspiel, welches im täglichen Umgang mit Menschen nicht umsetzbar ist. Haltung oder Authentizität kann daher nicht erlernt werden. Vielmehr wird sie geprägt durch Erfahrungen, Ansichten, Selbstreflexion und im Umgang mit Anderen. Besonders die Fachkräfte müssen daher ihre Einstellungen kennen und permanent reflektieren. Nur so können diese kongruent, emphatisch und wertschätzend mit den beteiligten Kindern, Eltern, Senioren und Kollegen agieren, arbeiten und eine gemeinsame Lebens- und Erfahrungswelt erschaffen. Der Aphoristiker Helmut Glaßl beschreibt Haltung folgendermaßen:

„Haltung haben, bedeutet, anderen Halt geben zu können" (Glaßl 2014)

Diese Aussage stellt sehr treffend den Zusammenhang zum Aufbau einer sicheren Bindung zwischen Fachkräften und Kindern bzw. Senioren her. Die Bindung gibt den Menschen Halt, schafft Vertrauen und Sicherheit. Lern- und Erfahrungsprozesse werden angeregt und erlebbar. Halt und Sicherheit wird durch Echtheit vermittelt. Daher ist es notwendig, dass die Fachkräfte sich stetig in ihrem Wirken und ihrer Arbeit reflektieren. So können diese ihre Rolle der Begleiterin, Initiatorin, Unterstützerin, authentisch ausfüllen.

Die Rolle bzw. die Aufgabe der Mitarbeitenden ist es, Räume und Begegnungsstätten zu schaffen, welche den Bedürfnissen der Beteiligten entsprechen. Die Bereiche müssen gut zugänglich sein und Selbständigkeit für alle Altersgruppen ermöglichen (vgl. Nowack 2013, S. 9f). Ebenso wichtig ist die Kommunikation und Kooperation mit den Beteiligen und Akteuren. Die Zusammenarbeit in den Teams, die Kooperation mit den anderen Institutionen sowie die Kommunikation und Offenheit gegenüber den Kindern und Senioren sind unverzichtbare Prozesse (vgl. Nowack 2013, S. 11). Grundlage bildet eine funktionierende Teamarbeit. Das Team für den Schwerpunkt intergenerative Arbeit sollte sich aus Fachkräften der unterschiedlichen Arbeitsbereiche zusammensetzen. Eine optimale Größe von vier bis acht Personen vermindert eine Entstehung von Untergruppen. Wichtig ist es, dem Team eine Struktur und einen Entscheidungsrahmen zu geben, sodass Ergebnisse und Planungen direkt umgesetzt und nicht noch einmal abgeklärt oder genehmigt werden müssen. Das Team kann eine Dynamik entwickeln, welche die Arbeit belebt und wertschätzend vorantreibt. Das Hauptziel, die Umsetzung der intergenerativen Arbeit, ist jeder Einzelnen bewusst. Jede beteiligte Fachkraft bringt sich mit ihren individuellen Fähigkeiten in die Besprechungen mit ein. Um effektiv und erfolgsversprechend agieren zu können, benötigen die Beteiligten eine klare Struktur, eine geregelte Rollen- und Aufgabenverteilung sowie den bereits angesprochenen Ordnungs- und Entscheidungsrahmen. Dies fördert Offenheit, gegenseitiges Vertrauen und die Entstehung eines Wir-Gefühls. Übertragen bedeutet dies, dass jede Fachkraft die Chance erhält, ihre eigene Arbeit besser darzustellen und die Arbeit der Anderen somit auch besser verstehen zu können. Voraussetzung sind regelmäßige, kontinuierliche Teamsitzungen, um den Prozess stetig voran zu treiben und ein Team entstehen lassen zu können (vgl. Möller/Schlenther-Möller 2007, S. 48ff.).

Die Mitarbeitenden haben mit ihrer Haltung und der Rolle, die sie verkörpern, eine tragende Funktion in vielerlei Hinsicht. Dennoch gibt es bei einer solchen Arbeit auch Bedenken und Erwartungen, die thematisiert und geklärt werden müssen, um eine nachhaltige und tiefgehende intergenerative Arbeit sicherzustellen. Die Arbeit im Team bietet hier eine gute Möglichkeit, diese Erwartungen und Bedenken auszusprechen und zu bearbeiten. Ein Gegeneinander Arbeiten kann so vermieden werden, da durch die Transparenz der Inhalt deutlich wird.

4.2 Erwartungen und Bedenken der Beteiligten und Akteure

Um eine Marke dauerhaft umsetzen zu können und Nachhaltigkeit zu gewährleisten, ist es wesentlich, sich im Vorfeld über Erwartungen und Bedenken auszusprechen und diese zu formulieren. So besteht die Chance eventuelle Enttäuschungen oder Missverständnisse zu vermeiden oder möglichst gering zu halten. Doch was könnten Erwartungen an die intergenerative Arbeit sein? An wen oder an was richten sich die Bedenken? Zunächst einmal sollen Kinder und Senioren die Möglichkeit bekommen, eine vertrauensvolle Beziehung zu der jeweils anderen Generation aufzubauen. Ähnlich dem, wie Großeltern ihre Enkelkinder bei Entwicklungsaufgaben unterstützen und Kinder bei ihren Großeltern immer einen Anlaufpunkt haben können (vgl. Krappmann 1997, S. 195ff.). Krappmann drückt dies in seinem Buch, „Identitätsarbeit heute", so aus:

„Gemeinsame Unternehmungen von Senioren und Kindern können als Schritte in die Welt jenseits der Grenzen der Kernfamilie betrachtet werden" (Krappmann 1997, S. 196).

Diese Aussage stützt die hohe Erwartung an die Kooperation der Mitarbeitenden, um die Chancen des Miteinanders zu ermöglichen. Die Kinder sammeln Informationen über die Welt, sie entdecken langsam ihr Umfeld und den Platz an dem sie leben. Sie erwarten, dass die älteren Personen ihnen dabei helfen und sie unterstützen, diese Welt zu erkunden. Die älteren Menschen haben Lebenserfahrung und Wissen über die Welt. Jung und Alt haben somit die Möglichkeit, generationenübergreifend an Entwicklungsaufgaben zu arbeiten und infolgedessen ihr Wohlbefinden und die Lebensgeister durch die gemeinsame Interaktion zu stärken. Die Beteiligten können sich aneinander orientieren und ihre Erfahrungen und Überzeugungen austauschen. Das größte Ziel liegt darin, die Pflege und Erhaltung der Beziehungen sicherzustellen. Diese Beziehungen betreffen nicht nur Kinder und Senioren. Auch die Mitarbeitenden treten in Beziehung zueinander und müssen in der Kooperation miteinander die gegenseitige Arbeit anerkennen und respektieren. Dies setzt eine wechselseitige Achtung und Wertschätzung voraus, sowie den Respekt mit möglichen Differenzen und Bedenken umgehen zu können (vgl. Lüscher 2014, S. 92).

Bedenken lassen sich oft leichter formulieren als die Erwartungen, kommen einem diese doch viel eher in den Sinn. Die Möglichkeit, aus den Bedenken, Chancen zu entwickeln, kann die Arbeit wieder vorantreiben. Bedenken bei der intergenerativen Arbeit können beispielsweise ungewohnter Kinderlärm für die Senioren sein oder alte und neue Erziehungsstile und Methoden, die plötzlich aufeinander treffen (vgl. Grabenhofer 2009, S. 10f.). Daher ist es im Vorfeld wichtig abzuklären, wann beispielsweise Ruhezeiten der Senioren und Schlafenszeiten der Kinder sind. So können Besuche oder Spielsituationen im Freien besser koordiniert werden. Die unterschiedlichen Erziehungsstile, und der damit einhergehende Blick auf das Kind, haben sich in den letzten Jahrzehnten sehr stark verändert. Heute wird das Kind gesehen als ein Akteur seiner Welt. Es entdeckt und setzt sich mit seiner Umwelt aktiv auseinander und bestimmt seine Lernprozesse. Der Erwachsene ist dabei Bildungsbegleiter und Unterstützer während der Exploration (vgl. Leu 2011, S. 35).

Die Senioren hatten hierzu in ihrer Kindheit keine Möglichkeit, war diese doch eher geprägt von historischen Ereignissen wie Krieg – Wiederaufbau – Wirtschaftswunder etc. Daher gibt es bei den älteren Generationen zwangsläufig andere Deutungs-, Denk-, Handlungs- und Orientierungsmuster (vgl. Grundmann/Hoffmester 2007, S. 288f.). Dieses Spannungsfeld der unterschiedlichen Hintergründe und Einstellungen löst Bedenken aus, welche die hohe Erwartung des gegenseitigen Verständnisses und reger Kommunikation mit sich bringt.

Auch der Umgang mit Trauer und Tod stellt für die Fachkräfte der Kita, sicherlich mehr als für die Kinder selbst, eine Herausforderung dar. Bei der intergenerativen Arbeit haben alle Beteiligten und Akteure sich mit Themen wie Vergänglichkeit, Tod und Trauer als Teil des ganzheitlichen Lebens auseinanderzusetzen. Hier können sich vor allem Ängste und Unsicherheiten der Eltern äußern, die nicht möchten, dass ihre Kinder so früh Erfahrung mit dieser Thematik machen und eventuell Fragen zu einem Thema stellen, das den Bezugspersonen selbst Schwierigkeiten bereitet. Diese Thematik erfordert sehr viel Fingerspitzengefühl, um aus den Bedenken kein tatsächliches Problem werden zu lassen. Aber auch der Umgang mit pflegebedürftigen Senioren muss im Vorfeld erörtert werden, um sowohl auf Sorgen und Bedenken der Eltern, als auch der Fachkräfte, eingehen zu können. Eine besondere, sensible und kontinuierliche Elternarbeit, sowie stetige Professionalisierung der Mitarbeitenden ist die notwendige Erwartungshaltung, um eine Arbeit zum Wohle aller Beteiligten umsetzen zu können (vgl. Grabenhofer 2004, S. 7ff.). Oftmals wird die intergenerative Arbeit gebremst oder scheitert sogar, weil gerade die Themen Alter, Krankheit, Leid und Tod eine große Hemmschwelle darstellen. Die Konfrontation mit der eigenen Vergänglichkeit und den Ängsten vor der Alterung zeigt sich als Barriere bei der Umsetzung des Konzeptes. Antworten auf die Fragen der Suche nach dem „richtigen" Umgang mit dem Thema Tod sind schwer zu finden. Denn es gibt nicht diese eine richtige Antwort. Wie und wann sollen die Kinder mit dem Tod eines Menschen in Berührung kommen? Kann diese Thematik übergangen oder verdrängt werden? Große Unsicherheiten bleiben genau dann jedoch bestehen, wenn diese tabuisiert werden. Die meisten Kinder verkraften solche Ereignisse oft erstaunlich gut, wenn sie ehrliche und nachvollziehbare Erklärungen erhalten. Nur Ehrlichkeit und Authentizität können Unsicherheiten abbauen. Um mit dem Thema Krankheit, Leid, Tod und Trauer angemessen umgehen zu können, müssen die Fachkräfte ihre eigene Haltung dazu entwickeln. Nur so können sie bei Fragen der Kinder die jeweilige Situation des Kindes erkennen und Entscheidungen treffen, die den Kindern bei der Verarbeitung Halt und Sicherheit geben (vgl. Miedaner 2001, S.155f.). Besonders bei dieser Thematik wird noch einmal deutlich, wie wichtig es ist, dass sich die Fachkräfte über ihre Rolle und Haltung in und zur intergenerativen Arbeit bewusst sind.

Gegenseitige Berührungsängste, die Angst vor dem Unbekannten, oder die Frage danach, wie sich die Beteiligten und Akteure ansprechen sollen, sind sicherlich ebenfalls Gedanken, welche sich bei der intergenerativen Arbeit äußern. Daher ist es erforderlich, sich mit der Thematik der Nähe und Distanz auseinanderzusetzen. Es ist notwendig, die Beteiligten nicht zu überfordern, sondern die Möglichkeit zu bieten, selbst zu bestimmen, wieviel Nähe jede Einzelne zulassen kann und wieviel Distanz jede Einzelne benötigt. Daher sollten die Erwartungen zur Kontaktaufnahme und der möglichen Umsetzung von Projekten, besonders zu Beginn, nicht allzu hoch gesteckt sein. Vielmehr müssen Möglichkeiten und Situationen geschaffen werden, die den Kindern und Senioren ermöglichen, sich erst einmal kennen zu lernen (vgl. Grabenhofer 2009, S. 12). Dabei ist zu berücksichtigen, dass nicht jede Seniorin eine Oma oder jeder Senior ein Opa ist. Die einen finden es schön, so angesprochen zu werden, andere hingegen möchten gerne mit dem Vor- oder Nachnamen gerufen werden. Eine Lösung zu dieser Frage gibt es nicht. Die Entscheidung darüber, wie Senioren angesprochen werden möchten, sollten am besten mit diesen selbst besprochen werden (vgl. Miedaner 2001, S. 153ff.). Die pädagogischen und pflegerischen Fachkräfte müssen diese Prozesse unterstützen und begleiten.

Die Bedenken in der Zusammenarbeit der Mitarbeitenden lassen sich leicht abbauen, in dem beide Bereiche, durch gemeinsame Gespräche über die Arbeit, die Aufgaben und Ziele, ihren eigenen Bereich darstellen können. Die pädagogischen Fachkräfte haben häufig das Gefühl mehr vorbereiten oder durchführen zu müssen. Oftmals liegt die Ursache darin, dass besonders der Altenpflegebereich einen wesentlich schlechteren Betreuungsschlüssel hat und es mit einem viel größeren Aufwand verbunden ist, die immobilen oder verwirrten Bewohner an einen Veranstaltungsort zu bringen. Hier wird die Wichtigkeit eines gemeinsamen Teams deutlich, welches über diese Dinge spricht und Konkurrenz oder Vorwürfe gar nicht erst entstehen lässt. Ratsam wäre an dieser Stelle auch eine gegenseitige Hospitation in den Einrichtungen, um den eigenen Blick zu erweitern (vgl. Miedaner 2001, S. 168f.).

Die Schwierigkeit, die passenden Angebote für Jung und Alt zu finden, wirft aus verschiedenen Gründen Bedenken auf. Die Kinder und Senioren untereinander und miteinander, sind z. B. in ihrer Vitalität, Auffassungsgabe usw. sehr unterschiedlich. Daher bedarf es einer genauen Auswahl, Planung und Methode, Lieder, Geschichten, Spiele etc. zu finden, bei denen möglichst viele Begeisterung empfinden (vgl. Miedaner 2001, S. 170f.).

Um einen ganzheitlichen Blick auf die Erwartungen und Bedenken bei der intergenerativen Arbeit zu erlangen, richtet sich der Blick auf die Träger solcher Einrichtungen. Träger haben die klare Erwartung an das Personal, alles möglich zu machen, dass die intergenerative Arbeit umgesetzt und ein Alleinstellungsmerkmal geschaffen werden kann. Erwartungen der Fachkräfte gegenüber dem Träger sind: die klare Forderung der Fortbildungsmöglichkeit und Unterstützung zum Beispiel durch Supervision bei einer gemeinsamen Konzeptentwicklung. Zeitkontingente zum Aufbau und Austausch müssen ebenso zur Verfügung gestellt werden. Sich auf die Arbeit mit den unterschiedlichen Generationen einlassen zu können bedeutet unter anderem die Reflexion der eigenen Werte, Ziele, Vorstellungen und der Umgang bzw. die Haltung zu verschiedenen Themen (vgl. Grabenhofer 2009, S. 10f.). Diese Ausführungen lassen sich in einer zusammenfassenden Erwartung darstellen. Der Träger unterstützt und bildet die pädagogischen und die pflegerischen Fachkräfte zur intergenerativen Arbeit fort. Die Fachkräfte hospitieren gegenseitig und planen die Arbeit in regelmäßig stattfindenden Teambesprechungen. Hierzu wird ein Rahmen vorgegeben, der Orientierung ermöglicht. Die unterschiedlichen Themen können erörtert und in einer Konzeption beschrieben werden. Hieraus ergibt sich die Chance der professionellen Arbeit und die Möglichkeit, einen gemeinsamen Lernaustausch für Jung und Alt zu schaffen.

4.3 Wert und Gewinn für alle Beteiligten und Akteure

Im vorangegangenen Kapitel wurden die Erwartungen und Bedenken zur intergenerativen Arbeit herausgestellt. Im Folgenden wird aufgezeigt, welchen Wert und welchen Gewinn diese Form der Arbeit für alle Beteiligten und Akteure mit sich bringt. Zu diesem Zweck wird eine Unterscheidung in drei Teile vorgenommen (vgl. Jacobs 2010, S. 70).

Abbildung 15: Gewinn und Nutzen der intergenerativen Arbeit

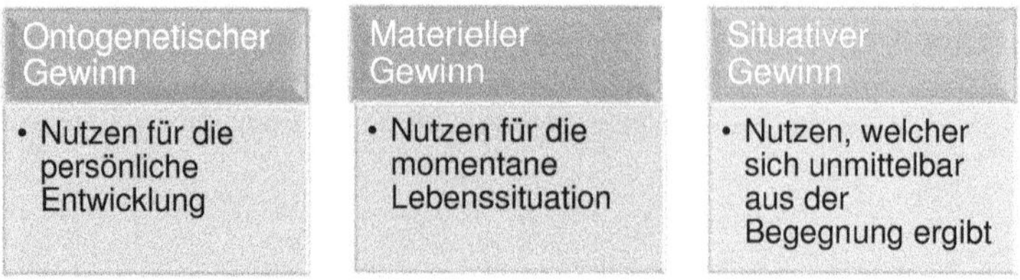

Ontogenetischer Gewinn	Materieller Gewinn	Situativer Gewinn
• Nutzen für die persönliche Entwicklung	• Nutzen für die momentane Lebenssituation	• Nutzen, welcher sich unmittelbar aus der Begegnung ergibt

Quelle: Eigene Darstellung

Der ontogenetische Gewinn besteht darin, vorgefertigte Meinungen, Denkweisen oder unreflektierte Vorurteile und Lebensansichten gegenüber der jeweiligen anderen Generation abzubauen. Eine bereichernde Erfahrung für die weitere Entwicklung, egal in welchem Alter, ist der Inhalt der ontogenetischen Betrachtung (vgl. Roß/Tries 2014, S. 169). So können Senioren Methoden und Ansätze des aktuellen Kita-Alltags kennenlernen und die Fachkräfte erfahren etwas über Methoden von früher. Der Blick in die Vergangenheit, lässt die Beteiligten und Akteure die Dinge in der Gegenwart besser verstehen.

Der materielle Gewinn beschreibt die Chancen, welche sich für jede Einzelne, auf die aktuelle Lebenssituation auswirkt. Beispielsweise könnten die Kinder und Senioren sich gegenseitig unterstützen (vgl. Roß/Tries 2014, S. 169). Durch gemeinsame Spielnachmittage oder Ausflüge, kann die Chance zur gegenseitigen Bereicherung der aktuellen Lebenssituation geboten werden. Einkäufe könnten gemeinsam getätigt werden und somit gegenseitige Unterstützung erfolgen. Senioren haben Zeit, um mit den Kindern die Lebensmittel im Geschäft genau zu erkunden. Dabei können Geschichten über die Kartoffelernte oder Ähnliches von früher erzählt werden. Ebenso können gemeinsame Spaziergänge oder Ausflüge den Alltag abwechslungsreicher gestalten.

Der situative Gewinn beschreibt den unmittelbaren Nutzen aus den Inhalten des intergenerativen Zusammentreffens. Es geht hierbei nicht um Langfristigkeit oder den Blick in die Vergangenheit. Vielmehr wird der positive Wert der direkten Begegnung, der aktuellen Aktion, für jede einzelne Beteiligte beschrieben. Am deutlichsten zeigt sich dieser Nutzen bei gemeinsamen Freizeitaktivitäten, wie zum Beispiel gemeinsamen Sportaktionen, Spielenachmittagen usw. Der situative Gewinn ergibt sich hierbei nicht nur aus dem Zusammentreffen von Jung und Alt oder aus den Inhalten allein. Dieser Gewinn ist vielmehr die Basis für die intergenerative Arbeit. Die Senioren und die Kinder erleben Abwechslung im alltäglichen Zusammensein und erfahren, eingebettet in der sozialen Einrichtung, eine familienähnliche Lern- und Lebenssituation (vgl. Jacobs 2010, S. 84f.).

Aus dieser Erklärung lässt sich folgende Begriffsbildung für die Chancen und den Nutzen des Zusammenlebens im Alltag ableiten: der Gewinn intergenerativer Arbeit ergibt sich unmittelbar aus den Inhalten der gemeinsamen Unternehmungen mit der jeweils anderen Generation. Er bezieht sich auf den Zusammenhang der daraus resultierenden positiven Lebenssituation und ist das Ergebnis aus dem zurückliegenden gemeinsamen Prozess, des gegenseitigen Austauschs, der geschichtlichen Hintergründe, Veränderbarkeiten, Verhaltensweisen und lebenslanger Entwicklung.

Die Veränderungen des demographischen Wandels und den daraus resultierenden veränderten Blickwinkeln haben zu der Chance geführt, mit der intergenerativen Arbeit einen großen Gewinn und einen Mehrwert für alle Generationen zu erreichen.

4.4 Lernaustausch und Lernprozesse für Jung und Alt

Um das intergenerationelle Lernen besser verstehen und umsetzen zu können, wird eine Teilung in drei Bereiche vorgenommen. In der praktischen Umsetzung können diese jedoch nicht getrennt voneinander gesehen werden, da diese sich gegenseitig beeinflussen.

Abbildung 16: Bildungsebenen

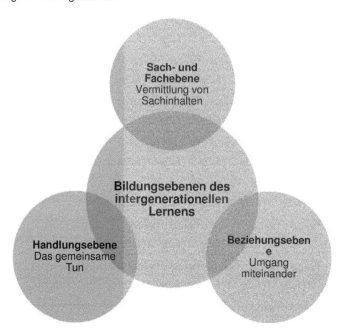

Quelle: Eigene Darstellung

Bei der Fach- und Sachebene geht es um die reine Wissensvermittlung. Hier können sowohl die älteren den jüngeren Generationen Themen näher bringen, als auch umgekehrt (vgl. Marquard, u. A. 2008, S. 28f.). So lernen die Generationen voneinander indem sie Erfahrungen, Fähigkeiten und Fertigkeiten an die jeweils andere Generation weitergeben. Beispiele hierfür könnten sein, dass die älteren Generationen ihr Wissen über Kochrezepte oder die Natur weitergeben und die jüngere Generation ihr Wissen über neue Spiele, Technikerfahrungen oder Experimente einbringen. So kann Wissen nicht nur theoretisch, sondern auch praxisnah vermittelt werden. Auch das Wissen über geschichtliche Entwicklungen können aus einer greifbaren Perspektive vermittelt werden und ermöglichen komplett neue Zugänge zu komplexen Themen (vgl. Franz / Scheunpflug 2014, S. 121ff.).

Bei der Beziehungsebene geht es um den Umgang der Generationen miteinander. Das Hauptaugenmerk liegt auf den persönlichen Begegnungen, der Kommunikation miteinander und dem Aufbau von Beziehungen. Die hier entstehende persönliche

Begegnung unterstützt die Lernbereitschaft, Neugierde und Motivation (vgl. Marquard, u. A. 2008, S. 29). Bei dieser Bildungsebene wird der Umgang miteinander geprägt. Die Beteiligten öffnen sich und so entstehen Lernbedingungen, welche Hintergründe erklärbar und Beziehungen oder Freundschaften entstehen lassen können. Im Mittelpunkt steht die Kommunikation durch das persönliche Gespräch zwischen Jung und Alt. Durch Frage- und Antwort Spiele können Erfahrungen, Erlebnisse und besonders Emotionen weitergegeben werden (vgl. Franz/Scheunpflug 2014, S. 123ff.).

Die dritte Ebene, die Handlungsebene, konzentriert sich auf das gemeinsame Tun. Bei dieser Ebene der Bildungsarbeit stehen demnach die Gemeinschaft und die Gemeinsamkeit im Mittelpunkt. Gemeinsame Unternehmungen, wie z.b. Ausflüge oder Theaterbesuche, ähnlich wie in der Familie, prägen das Miteinander und die Lust, Neues zu entdecken. Es geht darum, miteinander an einer Thematik oder einem Projekt zu arbeiten und zu lernen. Hier können auch Projekte wie z.b. gemeinsames Singen mit Liedern von früher und heute entstehen (vgl. Franz/Scheunpflug 2014, S. 122ff.).

Diese theoretische Unterteilung bietet eine Orientierung zu den unterschiedlichen Bildungsbereichen. Diese Differenzierung ist notwendig, um in der Praxis besser planen zu können und einen strukturierten Blick zu erlangen. Eine klare Trennung dieser Bildungsbereiche ist bei der tatsächlichen Umsetzung nicht mehr vorhanden, da die Bereiche ineinander übergehen und zu einem Bildungsbereich, mit dem Ziel des gemeinsamen Lernens, verschmelzen (vgl. Franz/Scheunpflug 2014, S. 123ff.). Voraussetzung für diese Lernprozesse ist nicht nur das Wissen über das Vorhandensein dieser unterschiedlichen Bildungsbereiche. Gemeinsames Lernen bedeutet auch, die Voraussetzungen für Regeln und Toleranz zu schaffen. Die Regeln geben Sicherheit und Halt. Die Toleranz benötigen alle Beteiligten und Akteure, da in diesem Bereich sehr unterschiedliche Lernerfahrungen und Fähigkeiten aufeinandertreffen. Daher ist es sinnvoll gemeinsam mit Kindern, Senioren und den Fachkräften Verhaltensregeln festzulegen, wie z.B. nicht schlagen, pünktlich sein, alle beteiligen sich usw. Auch die Erwartungen die gegenseitig aufeinandertreffen müssen formuliert werden, um eine neutrale und fruchtbare Basis für das Lernen zu schaffen (vgl. Marquard, u. A. 2008, S. 54ff.).

5 Maßnahmen und Handlungsempfehlungen für die Praxis

In den vorangegangenen Kapiteln wurde der Ansatz der intergenerativen Arbeit aus unterschiedlichen Blickwinkeln betrachtet. Ein theoretisches Fundament konnte aufgestellt und Grundlagen geschaffen werden. Doch wie lässt sich dieser Ansatz nun konkret umsetzen? Wie und wo können Begegnungen arrangiert werden? Wie wichtig ist es, sich als Einrichtung ein Netzwerk aufzubauen und es zu schaffen, sich in der Öffentlichkeit mit dem Alleinstellungsmerkmal „Intergenerative Arbeit" zu positionieren und eventuelle Unterstützer für sich zu gewinnen? Welche Generationenprojekte sind besonders für den Beginn einer altersübergreifenden Arbeit umsetzbar?

Mit diesen Fragen setzt sich das folgende Kapitel auseinander und schafft somit abschließend eine praxisnahe Anregung für die tägliche Arbeit mit Jung und Alt.

5.1 Ein offenes Haus – Orte der Bildung und der Begegnung

„Der erste Schritt auf dem Weg zu einer menschlichen Begegnung ist das Aufeinander-Zugehen." (Ferstl 2000).

Dieses Aufeinander-Zugehen wird nur möglich, wenn die Türen geöffnet, die Häuser nicht verschlossen sind. Diese Offenheit bewirkt, dass sich die Menschen auf Augenhöhe begegnen und sorgt für eine vertraute, familienähnliche Umgebung. Diese Umgebung ermöglicht Bildung ohne Druck, Konkurrenz oder Zwang. Ähnlich wie in einer Großfamilie sorgen die offenen Türen dafür, dass sich jeder Mensch willkommen und geachtet fühlen kann (vgl. Genther/Schooß 2014, S. 208ff.). Es sollten jedoch nicht nur die Türen geöffnet sein. Gemeinschaftsräume oder Plätze, wie in Kapitel 2.3 erwähnt, bilden Rahmenbedingungen, welche die Möglichkeit zur Begegnung bieten. Diese Räume fördern die Gemeinsamkeit und die Gelegenheit zum Spielen, Singen und Erzählen. Gemütliche Sitzecken und altersgerechte Möbel sorgen für eine angenehme Atmosphäre. Sitznischen bieten die Möglichkeit, das Geschehen zu beobachten, ohne aktiv teilnehmen zu müssen. Somit können die Beteiligten und Akteure zu jeder Zeit selbst entscheiden, mit was sie sich gerade beschäftigen möchten. Besonders in den Sommermonaten laden Plätze im Freien zu gemeinsamen Begegnungen ein. So kann z.B. ein gemeinsamer Spielplatz zu einem Platz der Generationen werden und durch Sitzbänke, Partnerschaukeln oder Wasserstellen zum gemeinsamen Spielen und sich Begegnen einladen. Senioren können die Kinder beim Spielen beobachten oder Spielpartner werden, gleiches gilt für die Kinder. Ein gemeinsam gestaltetes Gemüsebeet kann Interessen zusammenführen, schafft Naturbegegnungen und die Möglichkeit der Selbstverpflegung (vgl. Grabenhofer 2009, S. 20). Durch diese räumlichen Gegebenheiten, besonders im Freien, kann eine natürliche und ungezwungene Kontaktaufnahme erfolgen. Die Mitarbeitenden in den Einrichtungen sind besonders gefragt. Um Offenheit und Flexibilität zu erreichen, müssen die Fachkräfte das Leben in und um die Häuser organisieren und gestalten (vgl. Genther/Schooß 2014, S. 309). Hierzu müssen Prozesse und Standards formuliert werden, die eine Orientierung schaffen, sodass qualitativ gute Arbeit geleistet werden kann. Dies gibt zum einen den Beschäftigen Sicherheit und zum anderen vermittelt es Transparenz für die Nachfragenden, wie in Kapitel 3 beschrieben. An dieser Stelle wird die Notwendigkeit der in Kapitel 4.3 erörterten Teambesprechungen deutlich. Nur mit diesen stattfindenden Besprechungen können, durch den regelmäßigen Austausch, Ziele und Standards formuliert und ein Leistungsangebot erstellt werden. Diese Offenlegung der Arbeit bildet einen Rahmen, der die Qualität und Struktur der Arbeit vorgibt. Hier wird die Schnittstelle zwischen Pädagogik und Betriebswirtschaft deutlich. Die Inhalte der Arbeit sind das Produkt, welches die Einrichtung auf dem Markt positioniert. Die Mitarbeitenden strahlen durch ihre innerbetriebliche Leistungsbereitschaft Vertrauen und Sicherheit aus, was durch kontinuierliche Teambesprechungen stetig weiter ausgebaut wird, siehe hierzu Kapitel 3.1 sowie 4.1. Durch die entsprechende Ausstattungspolitik kann die Brücke zwischen den Kindern, Eltern und Senioren gebildet werden und so ein Ort der Begegnung entstehen. Die Identität der intergenerativen Arbeit wird geprägt von den Mitarbeitenden und deren Einstellungen wie in Kapitel 3.2 erwähnt. Diese Identifikation mit der intergenerativen Arbeit sorgt für Klarheit bei allen Interessierten. Eine gute Kommunikation und ein wertschätzender Umgang miteinander sind ebenfalls von großer Bedeutung für ein offenes Haus und einen Bildungs- und Beziehungsaufbau aller Beteiligten und Akteure. Wie in Kapitel 4.1 erläutert, sorgen die Fachkräfte für Anreize des Miteinanders und der Begegnung im Alltag und spiegeln damit eine wohlwollende Haltung wider.

Die Projekte sollten zu Beginn allerdings nicht zu hoch gesteckt sein. Vielmehr muss zunächst eine Basis geschaffen werden, auf der alles Weitere aufbaut. Um dieses Fundament zu errichten ist es wichtig, die Orte der Begegnung zu strukturieren. Hinsichtlich dieses Aspektes gehören die Erarbeitung der Konzeption sowie der Einsatz von Instrumenten und Verfahren zur Evaluation der Arbeit. Ziel der Qualitätsbereiche ist es, das körperliche und psychische Wohlergehen ebenso wie die Bildung und Entwicklung der Kinder zu fördern (vgl. BMFSFJ 2005, S. 304). Dies trifft bei der intergenerativen Arbeit gleichermaßen auf die Senioren zu. Bei der intergenerativen Arbeit stehen die Qualitätsbereiche in Bezug auf einen Ort der Begegnung und ein gemeinsames Lernen für folgende Normen:

Zunächst sollte bei der Strukturqualität darauf geachtet werden, dass die Rahmenbedingungen, wie die barrierefreien Zugänge, Räume im Erdgeschoss etc., vorhanden sind. Ebenso muss das Personal geschult werden, um ein zielloses Vorgehen zu vermeiden. Die Orientierungsqualität nach innen und außen, und somit die Identität der Marke, bietet die schriftlich ausgearbeitete Konzeption von den Fachkräften beider Institutionen. Die Prozessqualität stellt das konkrete Vorgehen, die Umsetzung der Arbeit, wie z.B. regelmäßig stattfindende Bewegungsangebote, Kochaktionen etc., dar. Die Management- und Organisationsqualität beschreibt die Aufgaben der Einrichtungsleitungen. Diese haben den Auftrag, die Mitarbeitenden zu unterstützen und intergenerative Projekte zu fördern. Ebenso sind die Einrichtungsleitungen verantwortlich, dass die Inhalte der Konzeption und Beschreibung der Prozesse tatsächlich umgesetzt werden. Die Kontextqualität beschreibt die Möglichkeit der Fort- und Weiterbildung. Hier wäre es ratsam eine Teamfortbildung bzw. Supervision zu arrangieren, um eine gemeinsame Grundlage für die pädagogischen und pflegerischen Fachkräfte zu ermöglichen. Die Ergebnisqualität beschreibt den Kundennutzen für alle Beteiligten und Akteure sowie den Gewinn der Positionierung der Einrichtung gegenüber den Wettbewerbern. Die Vereinbarkeit von Familie und Beruf wird ermöglicht, die Kinder und Senioren profitieren durch ein offenes Haus von gegenseitigen Begegnungen und der Entstehung von gemeinsamen Lernmöglichkeiten. Der Träger hat den wirtschaftlichen Gewinn ausgelasteter Häuser und großer Nachfragen. Die theoretischen Hintergründe zu diesen Qualitätsbereichen beziehen sich auf das BMFSFJ 2005, S. 304ff.

Das Fundament der intergenerativen Arbeit, und somit die Basis eines offenen Hauses, braucht die Orientierung nach den Qualitätsbereichen, um sich eindeutig, sowohl nach innen als auch nach außen, zu positionieren, eventuelle Förderer für sich zu gewinnen und qualitativ hochwertige Arbeit zum Nutzen aller Beteiligten und Akteure leisten zu können.

5.2 Vernetzung und Kooperation – partnerschaftliches Miteinander

„Nicht nur Schnupfen ist ansteckend, sondern auch das Wohlbefinden. Soziale Netzwerke helfen, gesund zu bleiben – und glücklich."
(Albrecht 2009, S. 31).

Um ein solches Netzwerk aufzubauen, bedarf es der Suche nach geeigneten Kooperationspartnern. Dieser Schritt stellt den ersten Aufbau des geschaffenen Fundamentes aus dem vorangegangenen Kapitel dar. Zunächst muss der Bedarf der benötigten Kooperationspartner festgestellt werden; im Mittelpunkt steht hierbei immer der intergenerative Ansatz.

In erster Linie kooperieren die Fachkräfte beider Häuser, die Kinder, Eltern und Senioren miteinander. Durch Lese-, Singpaten und Ähnliches findet hier ein kooperatives Zusammentreffen statt. Im nächsten Schritt können Überlegungen angestellt und Kontakte zu weiteren Unterstützenden hergestellt werden. Gibt es im Umfeld Vereine oder Schulen, welche miteinbezogen werden können oder gibt es berufsbezogene Kooperationspartner, wie z.B. die Handwerkskammer oder Volkshochschulen, mit denen gemeinsame Projekte in Angriff genommen werden können? Gibt es eine Anlaufstelle bei der lokalen Presse, Museen oder dem Theater? Gibt es Kontakte zu Förderern oder Stiftungen? Diese Liste der Fragen kann sicherlich noch um einige erweitert werden. Konnten Partner gefunden werden, die dem Konzept zustimmen, muss genügend Zeit bleiben, um die jeweiligen Projektideen zu konkretisieren und Möglichkeiten und Wege zur Umsetzung zu finden. Im Team muss dabei im Vorfeld geklärt werden, wer die zuständige Ansprechpartnerin für das jeweilige Projekt ist bzw. wer die Verantwortliche ist, die den ersten Kontakt aufnimmt. Diese müssen nicht unbedingt dieselben Personen sein. Voraussetzung für eine gelingende Kooperation ist gegenseitiges Vertrauen, Zuverlässigkeit und Seriosität (vgl. Marquard, u.

A. 2008, S. 61 ff.). Um Kooperationspartner, projekt- oder themenbezogen, zu finden, sollte ein Konzeptionsraster zum gezielten Vorgehen erstellt werden.

Abbildung 17: Raster zum Aufbau einer Kooperation

Inhalt
1. Worum geht es?
2. Warum gerade dieses Projekt?

Durchführung
9. Wie erfolgt die Umsetzung?
10. Wo findet die Durchführung statt?
11. Wann wird das Projekt umgesetzt?
12. Wie geschieht die Erfolgskontrolle?

Beteiligte
3. Wer ist Kontaktperson und Verantwortliche?
4. Wer sind mögliche Kooperationspartner?
5. Wer ist die Zielgruppe?

Unterstützung
6. Wie ist die Finanzierung?
7. Gibt es Fortbildungsbedarf?
8. Wer kümmert sich wie um die Öffentlichkeitsarbeit?

Quelle: Eigene Darstellung in enger Anlehnung an Marquard, u. A. 2008, S. 85

Dieses systematische Vorgehen fördert eine konkrete Planung und stellt sicher, dass alle Punkte berücksichtigt werden. Zum Thema Finanzierungsmöglichkeiten, wie in Kapitel 3.3 vorgestellt, befinden sich im Anhang einige Stiftungen und Institutionen, die intergenerative Projekte grundsätzlich unterstützen. Vor Ort müssen dennoch Kooperationspartner gefunden werden, sodass wie bei der Prozess Politik erläutert, ein Netzwerk zu unterschiedlichen Themenfeldern aufgebaut werden kann.

Ein weiterer wichtiger Gesichtspunkt ist die Vernetzung und Qualifizierung von Pro-jektmitarbeitenden, ehrenamtlichen Unterstützenden, sowie festangestelltes Perso-nal. Kommunikationsstrukturen und Beziehungsaufbau sind Elemente, welche für die Kooperationspartner verständlich und eindeutig sein müssen. Die Freiwilligenarbeit ist von großer Bedeutung für die tägliche Umsetzung der Projekte. Sie ist eine wertvolle und bereichernde Hilfe für die Arbeit vor Ort (vgl. Jacobs 2010, S. 106 ff.). Laut einer Studie des Sozialwissenschaftlichen Instituts für Gegenwartsfragen (SIGMA) sind 65% aller Deutschen davon überzeugt, dass sie für freiwilliges Engagement gebraucht werden. Der höchste Prozentsatz ist bei der mittleren Generation zu finden, den 30 – 59 Jährigen und der älteren Generation, den 60 – 69 Jährigen (vgl. Ueltzhöffer 1999). Die Freiwilligen bringen sich aktiv in die Projekte ein und sollten daher zu festen Teammitgliedern werden. Die ehrenamtlich Helfenden erfahren so Wertschätzung und Anerkennung für ihre geleistete Arbeit; somit kann ein weiterer Baustein zu einem partnerschaftlichen Miteinander in einem offenen Haus hinzugefügt werden.

In diesem Abschnitt hat sich gezeigt, dass es viele ehrenamtlich Unterstützende gibt. Um diese zu finden, ist eine kontinuierliche Presse- und Öffentlichkeitsarbeit notwendig, damit Ansätze und Projekte bekannt und Brücken zu freiwillig Helfenden gebaut werden können.

5.3 Presse- und Öffentlichkeitsarbeit – Jung und Alt in aller Munde

„Tu Gutes und rede darüber." (Zedtwitz-Arnim 1981).

Dieses Zitat definiert die Öffentlichkeitsarbeit im intergenerativen Kontext zweier sozialer Einrichtungen sehr treffend. Um den Erfolg eines Projektes oder Arbeitsansatzes dauerhaft zu gewährleisten, muss die Arbeit und die Intention, die dahinter steckt bekannt gemacht werden. Doch was bedeutet Presse- und Öffentlichkeitsarbeit konkret? Welche Instrumente und Methoden gibt es, um die Umgebung zu informieren?

Öffentlichkeitsarbeit geschieht bewusst oder unbewusst durch das Verhalten und Wirken der Mitarbeitenden, Corporate Behavior. Ziel der Öffentlichkeitsarbeit ist ein planmäßiges und strukturiertes Vorgehen, welches durch die gezielte Weitergabe von Fakten und Informationen die eigene Arbeit transparent macht. Dabei soll Vertrauen geschaffen, das Ansehen gesteigert und die Aufgaben und Wichtigkeit der Einrichtungen belegt werden (vgl. Krenz 2009, S. 38, S.115). Im Zentrum steht demnach das Ziel, ein möglichst kompaktes und klares Bild der Arbeit zu vermitteln. Eine Herausforderung ist es, Menschen die sich bisher für ein Thema noch nicht interessiert haben, neugierig zu machen, für sich zu gewinnen und deren Begeisterung zu entfachen (vgl. Kresnicka 2011, S. 71). Öffentlichkeitsarbeit ist Beziehungsarbeit, Alltagsarbeit, Professionalität und ein zentrales Merkmal von Qualität. Sie umfasst weitaus mehr, als die Frage danach, wie man in die Zeitung kommt. Diese Corporate Communication dient zur Selbstdarstellung der Identität der Einrichtung und schafft somit ein Image. Öffentlichkeitsarbeit ist auch das Verhalten der Fachkräfte im Umgang mit anderen Personen. Jede Mitarbeitende muss sich bewusst sein, dass sie permanent mit ihrem Verhalten die Einrichtung nach außen vertritt (vgl. Schiewe 2012, S. 21). Die Einrichtungen werden identifizierbar, das eigene Profil wird deutlich und eine eindeutige Positionierung am Markt entsteht. Diese Positionierung schafft Transparenz für Kunden, neue Mitarbeitende, freiwillig Helfende und finanziell Unterstützende. Der Träger profitiert von eventuellen Sponsoren, welche sich für die Arbeit interessieren und ihre Unterstützung anbieten. Eine weitere Funktion der Öffentlichkeitsarbeit ist die Vermittlung eines Zugangs zur Bildung. Der Blickwinkel wird erweitert, Fortschritt kann beginnen und letztendlich Werbung für Bildungsarbeit betrieben werden (vgl. Stamer-Brandt 2006, S. 8, Krenz 2009, S. 69, Kresnicka 2001, S. 67).

Die Zielgruppe bei der intergenerativen Arbeit ist sehr vielfältig. Unterschiedliche Arbeits- und Berufsgruppen, verschiedene Interessen, der Zugang zu unterschiedlichen Mitteilungskanälen fordert einen Mix aus klassischer Pressearbeit und Online Kommunikation. Die eigenen Informationen müssen sich von der Flut anderer Neuigkeiten abheben, um das Interesse der Presse für die intergenerative Arbeit zu erwecken. Neue Angebote, die neue Bezeichnung einer bekannten Sache oder freiwillige Engagierte könnten Anlass zur Berichterstattung geben. Eine professionell formulierte Pressemitteilung erhöht die Chance der Durchdringung. Daher sollten einige Grundregeln bei der Verfassung solcher Mitteilungen beachtet werden. Jede Mitteilung braucht einen Wert, ein Highlight. Routinemäßige Informationsschreiben sind ausdruckslos. Alles Wichtige muss vorne stehen, da eventuell gekürzt wird. Überschriften müssen kurz, prägnant und aussagekräftig sein. Die Mitteilung muss die Fragen nach wer-wann-was-wie-wo-warum sachlich beantworten und keine Werbetexte beinhalten. Ansprechpartnerinnen müssen benannt und Kontaktdaten vorhanden sein. Pressemitteilungen sollten optisch, durch das Corporate Design, bereits dem Absender zugeordnet werden können (vgl. Draeger 2014, S. 271f.). Gibt es z.B. ein Logo für die intergenerative Arbeit, wird der Presseagentur sofort eine Verbindung mit dem Thema herstellen; dies erhöht die Chance des Druckerfolgs.

Das Internet ist eines der wichtigsten Informationsmedien geworden, die Kommunikation ohne Internet ist heute fast undenkbar. Eine eigene Website zu den Einrichtungen selbst und zur intergenerativen Arbeit im Besonderen ist unumgänglich. Aktuelle Termine, Projekte, Angebote, Möglichkeiten der Begegnung oder das freiwillige Engagement können präsentiert werden. Die erste Kontaktaufnahme über das Internet ist ganz unverbindlich und niederschwellig möglich. Um dieses Instrument der Verbreitung von Informationen zu nutzen, ist es notwendig die Homepage stets aktuell zu halten und professionell zu gestalten. Ansonsten entsteht rasch genau das Gegenteil, ein negativer Eindruck. Fragen nach dem Konzept, dem Design, der Funktionalität und der Pflege der Website müssen im Vorfeld bearbeitet werden (vgl. Draeger 2014, S. 274ff.). Dabei muss immer beachtet werden, dass die Persönlichkeitsrechte der Beteiligten und Akteure unantastbar sind und zu jeder Zeit geachtet werden müssen. Der Paragraph 22 KUG hat bei der gesamten Presse- und Öffentlichkeitsarbeit oberste Priorität: *„Bildnisse dürfen nur auf Einwilligung des Abgebildeten verbreitet oder öffentlich zur Schau gestellt werden"* (Kunsturheberrechtsgesetz *2014).* Daher ist es zu empfehlen, alle Beteiligten und Akteure um eine schriftliche Genehmigung zu bitten. Die Eltern erteilen diese stellvertretend für ihre Kinder. Bei den Senioren ist gegebenenfalls der Vormund stellvertretend hinzu zu rufen (vgl. Draeger 2014, S. 275).

Durch diese strukturierte Öffentlichkeitsarbeit kann ein weiterer Baustein zum offenen Haus der intergenerativen Arbeit, hinzugefügt werden. Die Generationenprojekte, die tägliche Arbeit und somit schlussendlich das Leben und Lernen für jedes Alter, werden im folgenden Kapitel erörtert.

5.4 Generationenprojekte - Leben und Lernen für jedes Alter

„Jeder, der aufhört zu lernen ist alt, mag er zwanzig oder achtzig Jahre zählen. Jeder, der weiterlernt, ist jung, mag er zwanzig oder achtzig Jahre zählen".
(Ford 1863-1947)

Aufbauend auf diesem Zitat wird der Abschluss der Thematik gebildet. Henry Ford formulierte sehr treffend die Bedeutung der Generationenprojekte. Weiterlernen, egal welches Alter man hat, die Welt entdecken und sich nicht verschließen; dies wird hier zum Ausdruck gebracht und dies ist Sinn, Inhalt und Ziel der Generationenprojekte.

Wie in Kapitel 4.1 und 4.2 beschrieben, kommen die Beteiligten und Akteure, trotz ähnlicher erkennbarer Bedürfnisse, aus sehr unterschiedlichen Lebenswelten. Die Vitalität, Auffassungsgabe, das logische Denken usw. sind sehr differierend. Daher ist eine genaue Situationsanalyse erforderlich, um die Interessen, Fähigkeiten und eventuellen Gemeinsamkeiten zu erkennen und die entsprechenden Methoden anzuwenden. Lernen ist ein vielschichtiger und facettenreicher Prozess, der aus zahlreichen Einzelleistungen besteht (vgl. Marquard, u. A. 2008, S. 100). Diese Art und Qualität der einzelnen Lernprozesse sind, egal ob jung oder alt, abhängig von den Emotionen der Beteiligten und Akteure. Damit Lernen erfolgreich sein kann, braucht es die Möglichkeit des Hörens, Sehens, Riechens und Fühlens. Anders ausgedrückt, der Mensch braucht für große Lernerfolge Kopf-Herz-Hand. Durch dieses sinnhafte Lernen werden die Verbindungen zu den Nervenzellen verstärkt. Das Erzählen von Geschichten untermalt und ermöglicht die Herstellung von Nervenverbindungen mit Emotionen und somit eine bessere Fixierung im Langzeitgedächtnis (vgl. Spitzer 2007, S. 169ff.). Aufgrund dieser Tatsache ist es wichtig, bei den Projekten und Aktionen mit Motivatoren wie z.b. die aktive Teilnahme, Spaß, Abwechslung, Interaktion, Anerkennung, angemessene Herausforderungen etc., zu agieren (vgl. Marquard, u. A. 2008, S. 103f.).

Im Folgenden werden verschiedene Projekttypisierungen vorgestellt, um eine bessere Überschaubarkeit von intergenerativen Projektformen aus der Praxisperspektive charakterisieren zu können. Zahlreiche Aspekte, wie z.b. inhaltliche Ausrichtung oder die Zielgruppenorientierung, werden differenziert dargestellt und kritisch begutachtet. Die Kategorisierung bezieht sich auf die empirische Studie aus NRW im Jahr 2005. Hierbei wurden 196 Projekte, davon 13 intergenerative Projektformen, empirisch untersucht, ausführlich charakterisiert und bewertet. Im nachfolgenden Verlauf werden exemplarisch einige Projekte, welche für die gemeinsame Arbeit in einer Kita und einem Seniorenzentrum geeignet sind, genauer vorgestellt. Die theoretischen Hintergründe beziehen sich auf Suck/Tinzmann 2005, S. 59ff.

Die Projektart, gemeinsame, aktive Freizeitgestaltung, bezieht sich auf Projekte der gemeinsamen Tätigkeit in der Freizeit in Form der persönlichen Interaktion. Beispiele hierzu können gemeinsames Kochen, Singen, Spaziergänge usw. sein. Diese Projekte sind oft ohne weitere Kooperationspartner möglich. Wechselseitige Besuche zwischen Kita und Seniorenzentrum während des Projektes sind Bestandteile der

Arbeit. Diese Form ist eine familienähnliche Nachahmung, welche Interaktionen durch Beschäftigungen aktiviert. Eine Weitergabe bzw. ein Austausch über Wissen und Erfahrung kann stattfinden, ist aber nicht primär. Die Teilnehmenden haben einen Vorteil, wie in Kapitel 4.3 beschrieben, für ihre persönliche Entwicklung, ein positives Gefühl für die momentane Lebenssituation und den Nutzen der Freizeitbeschäftigung durch die unmittelbare Begegnung.

Projekte der gemeinsamen passiven Freizeitgestaltung finden oft nicht durch direkte Begegnungen statt. Hierbei geht es um die Veranstaltung von gemeinsamen Festen, Lied- und Schauspielvorführungen der Kinder für die Senioren. Im Fokus lieg der kulturelle Beitrag. Die direkte Interaktion ist in dieser Projektform kaum möglich. Die Senioren konsumieren eine Darbietung, die Kinder können etwas präsentieren. Der hauptsächliche Gewinn durch die Veranstaltung liegt hier in der Verbesserung der momentanen Lebenssituation.

Bei den intergenerativen Lernaktivtäten geht es in erster Linie um den gemeinsam erlebten Austausch von Wissen, Fähigkeiten und Fertigkeiten. Häufig gibt es diese Form an Schulen durch Hausaufgabenbetreuung oder Computerunterricht. Aber auch in der Kita kann ein solcher Austausch z.B. durch Begleitung bei Experimenten oder Technikerfahrungen, stattfinden. Die stetige Weiterentwicklung ist für eine Gesellschaft lebenswichtig. Das Wissen muss weitergegeben werden, um Stabilität und Nachhaltigkeit zu gewährleisten. Der Wissenstransfer ist durch den wechselseitigen Austausch mit Emotionen verbunden. Nach Manfred Spitzer, wie bereits erwähnt, sind diese Emotionen notwendig, um das Wissen im Langzeitgedächtnis zu verankern und Nervenverbindungen im Gehirn herzustellen. Der Erfolg dieser Projekte liegt in der Begegnung, welche durch den Austausch von Wissen mit Emotionen, Nachhaltigkeit sichert und somit einen hohen gesellschaftlichen Nutzen erzielt. Intergenerative Lernaktivitäten wirken dem Verlust der Möglichkeit des Wissenstransfers dauerhaft entgegen.

Themenbezogene intergenerative Projekte befassen sich mit dem Austausch über früher und heute. Mit diesen Projekten nähern sich Jung und Alt durch gemeinsame Lernaktivitäten einem Thema an und tauschen sich dabei über ihre unterschiedlichen Erfahrungen aus. Im Mittelpunkt steht nicht der Wissenstransfer, sondern die Diskussion und die Erfahrung. Beispiele für solche Projekte im Senioren – Kita Bereich können sein: Lieder von früher und heute, alte und neue Spiele, gemeinsame Spaziergänge oder das gemeinsame Verweilen auf dem Spielplatz. Mit Schulkindern werden Themen wie Werteerhalt oder gesellschaftliche und geschichtliche Hintergründe diskutiert. Es wird ein Beitrag zur gegenseitigen Toleranz, Achtung und Verständnis füreinander, geleistet.

Intergenerative Hilfsprojekte haben das Ziel, sich gegenseitig zu unterstützen. Gemeinsame Ausflüge, die gemeinsame Arbeit im Gemüsebeet oder das Reparieren von Spielzeug können Aktionen der gegenseitigen Hilfe sein. Das Ziel ist ein Leistungsaustausch zwischen den Generationen. Altersstereotypen können abgebaut und das Vertrauensgefühl aufgebaut werden. Die familienähnliche Generationenbeziehung wird hier deutlich. Wichtig bei dieser Form ist es, stets darauf zu achten, dass die Gegenseitigkeit gewährleistet ist und es bei den Hilfsprojekten nicht zu einer Schieflage kommt und somit zu einem Stillstand.

Die intergenerativen kulturellen sowie die Theater- und Musikprojekte setzen sich mit Themen wie Kunst, Museums- und Theaterbesuchen, Malerei etc. auseinander. Gemeinsame, kreative Aktivtäten zur Gestaltung von Bildern, Kunstwerken oder das Einstudieren eines Liedes können veranstaltet und in einer eigenen Ausstellung oder Vorführung für Interessierte präsentiert werden. So kann bei einem solchen Projekt ein hohes öffentliches Interesse hervorgerufen werden. Die Einrichtung kann Förderer und Unterstützer mobilisieren und die finanziellen Säulen der intergenerativen Arbeit stärken. An dieser Stelle werden die Verzahnung von einem Ort der Begegnung, von Möglichkeiten der Vernetzung und einer guten Öffentlichkeitsarbeit deutlich.

Die intergenerativen Sportprojekte bilden den Abschluss der Ausführungen zu den praxisnahen Projekten. Sinnvoll ist hier eine Kooperation mit einem Sportverein, Physiotherapeuten oder Fitnesstrainern. Durch gemeinsame Begeisterung für eine Sportart wird der Kontakt zwischen den Generationen entscheidend gefördert. Ziel ist die gemeinsame Freizeitbeschäftigung, die Bewegung und der Abbau von Hemmungen. Ein gesundheitsbewusster Lebensstil, egal für welches Alter, wird außerdem vermittelt.

Diese empirische Erhebung liefert einen wesentlichen Vorteil zur besseren Überschaubarkeit und bietet somit Orientierung und Unterstützung für die intergenerative

Praxis. Die Differenzierung ermöglicht es, projektbezogene Unterstützende zu finden. Die ontogenetischen, materiellen und situativen Gewinne für die Beteiligten und Akteure, sind in den jeweiligen Projekten ebenfalls berücksichtigt. Somit haben diese Ausführungen gezeigt, wie die intergenerative Arbeit vor Ort umgesetzt werden kann.

6 Fazit

Die Umsetzung der intergenerativen Arbeit bzw. des Markenzeichens Intergenerativ befindet sich nach wie vor spürbar in den Anfängen. Dies wird vor allem deutlich bei der augenblicklich geringen Anzahl von Literatur zu dieser Thematik sowie den überaus spärlichen empirischen Daten. Bislang liegen kaum Untersuchungsergebnisse oder theoretische Konzepte zur Umsetzung dieses Ansatzes vor. Lediglich die Ergebnisse der Mehrgenerationenhäuser bieten eine erste Orientierung. Diese haben jedoch einen anderen Schwerpunkt und werden in anderer Form unterstützt. Eine wissenschaftliche Auseinandersetzung zu den Lernprozessen von Jung und Alt, z.B. dem Umgang mit Kindern und demenziell erkrankten Menschen, die Interaktion zwischen den Beteiligten und Akteuren, sind nur eine Auswahl an Themen, die es zu erforschen gilt. Mit diesen Forschungen kann eine nachhaltige und fundierte Arbeit realisierbar werden. Die genaue Beobachtung und Evaluation der unterschiedlichsten Projekte und Aktionen können bereits wertvolle Daten liefern. Die Dokumentation der Zusammenarbeit zwischen den pädagogischen Fachkräften und den Pflegekräften bietet eine Grundlage für die Aus- und Weiterbildung der sozialen Arbeit. Dieser Bereich ist bislang kaum vertreten. Dementsprechend sind die Fachkräfte derzeit weitgehend auf sich selbst gestellt. Dies erschwert die Implementierung des Ansatzes und das Bilden einer Markenidentität. Daher ist eine hohe Professionalität des Fachpersonals überaus notwendig. Durch die stetige Selbstreflexion, den kontinuierlichen Austausch und die damit verbundene Dokumentation in einer Konzeption wird die Arbeit routinierter und gewinnt an Qualität. Diese größer werdende Sicherheit der praktischen Umsetzung ermöglicht die immer bessere Identifikation der Mitarbeitenden mit dem Ansatz und der Bildung der Markenidentität. Diese Identität ist der Kern der Einrichtung und sorgt für eine ausdauernde und nachhaltige Standortsicherung. Durch ein einheitliches Auftreten der Marke wird Klarheit nach innen und somit auch nach außen vermittelt.

Der Ort der Begegnung und Bildung für alle Generationen wird vom Umfeld wahrgenommen und so die Möglichkeit erhöht, Unterstützende zu gewinnen. Ein ausgearbeitetes Finanzierungskonzept, geteilt in Eigenmittel, Fundraising und ehrenamtliche Mitarbeitende, ist eine wesentliche Grundlage für die Schaffung eines offenen Hauses, in dem Jung und Alt gemeinsam lernen können. Diese gemeinsamen Lernprozesse bilden „*den Faden des sozialen Lebens*" *(Montessori 1870-1952, S. 14)* und verhindern die Entfremdung und Isolation von Jung und Alt. Den Beteiligten und Akteuren wird Halt und Sicherheit vermittelt. Den Fachkräften muss bewusst sein, dass sich ihr ursprüngliches Aufgaben- bzw. Berufsfeld für andere Altersstrukturen geöffnet hat. Die Potentiale der Generationenarbeit müssen als Pflichtaufgabe in sozialen Einrichtungen verankert werden. Dazu bedarf es Menschen, die diesen Ansatz umsetzen und weiter vorantreiben. Das Zusammenspiel von Kindern, Eltern, Mitarbeitenden, Senioren, Ehrenamtlichen und anderen interessierten Menschen, bildet die Ausgangslage für ein Leben und Lernen miteinander und voneinander. Aufgabe der Mitarbeitenden vor Ort ist es, die Vielfalt der Menschen unterschiedlichen Alters mit sehr unterschiedlichen Biographien zu sehen, deren Bedürfnisse zu erkennen und Treffen zu arrangieren, bei denen sich alle Beteiligten und Akteure auf Augenhöhe begegnen können. Die Partizipation und Mitgestaltung aller Lernprozesse, Aktionen und Projekte steht im Mittelpunkt des Geschehens und ermöglicht demzufolge mehr Lebensqualität für alle Generationen.

Diese Abhandlung hat einen Weg aufgezeigt, wie der intergenerative Ansatz zum Mittelpunkt bzw. zum Markenzeichen einer Einrichtung werden und damit eine klare Positionierung auf dem Markt einnehmen kann. Das Fundament bildet eine gut aufgestellte und geplante Finanzierung und ermöglicht dementsprechend die weitere Umsetzung. Durch die Erarbeitung einer Konzeption, der Formulierung von Prozessbeschreibungen, der stetigen Auseinandersetzung mit der Thematik auf der einen Seite und dem Aufbau eines Netzwerks, gezielter Öffentlichkeitsarbeit und Vermarktung auf der anderen Seite, kann am Ende ein offenes Haus geschaffen werden, in dem Begegnungen und Lernprozesse für alle Generationen entstehen, andauern und fortleben können. Intergenerative Arbeit bedeutet ein Miteinander und zahlreiche Begegnungen in vielen unterschiedlichen Bereichen und von vielen unterschiedlichen Menschen. Dennoch muss es auch weiterhin Angebote in den homogenen Altersgruppen geben. Kinder brauchen Zeiten zum Toben, Schreien, Rennen, Spielen und Senioren brauchen ebenso ihre Zeiten für Ruhe, seniorengerechte Beschäftigungen, Unterhaltungen usw. Die Mitarbeitenden Fach- und Pflegekräfte vor Ort sind demnach angehalten, auf einen ausgewogenen Ausgleich zu achten.

Sollte sich ein Träger, bzw. eine Einrichtung für den intergenerativen Ansatz entscheiden, muss den Verantwortlichen bewusst sein, dass ein gutes Gelingen dieser Arbeit, eine hohe Bereitschaft zur Kooperation unter den Mitarbeitenden voraussetzt und gewohnte Abläufe eventuell auch verändert werden müssen. So kann die Freude der Begegnung erhalten und ein Gewinn für die Lebenszeit der Menschen erlangt werden. Der Philosoph Hans Blumenberg verleiht mit seinen Aussagen zu der individuellen Lebenszeit des Menschen und der Weltzeit im Allgemeinen, der intergenerativen Arbeit eine besondere Bedeutung. Mit seinen Aussagen (Blumenberg 2014) wird diese Ausarbeitung beendet und stellt gleichzeitig eine Inspiration für alle Beteiligten und Akteure vor Ort dar.

„Die individuelle Lebenszeit wird in Weltzeit integriert. Die Generationen können demnach als ein identischer Mensch gesehen werden, der fortwährend existiert und gekennzeichnet ist, durch eine einzigartige und unaufhörlich wachsende Welterfahrung".

Literaturverzeichnis

Aaker, J.L. (2000). Dimensionen der Markenpersönlichkeit. In: Esch, F.-R. (Hrsg.).Moderne Markenführung. 2. Aktualisierte Auflage. Wiesbaden: Betriebswirtschaftlicher Verlag Dr. Th. Gabler GmbH.

Albrecht, H. (2009). Zusammenleben – Gemeinschaft als Therapie. Die Zeit, Nr. 17, 23.09.2009, S. 31 f.

Bannenberg, T. (2002). Warum Social Sponsoring?. In: Kindergarten heutebasiswissen kita- Social Sponsoring und Fundraising. (S. 12). Freiburg: Verlag Herder GmbH und Co.KG.

Bock, T. (2002). Vom Laienhelfer zum freiwilligen Experten. In: Rosenkranz, D., Weber, A. (Hrsg.). Freiwilligenarbeit-Einführung in das Management von Ehrenamtlichen in der sozialen Arbeit. Weinheim, München: Juventa Verlag.

Bundesministerium für Familie, Senioren, Frauen und Jugend (Hrsg.). (2012). Generationenbeziehungen – Herausforderungen und Potentiale – Gutachten des wissenschaftlichen Beirats für Familienfragen beim Bundesministerium für Familie, Senioren, Frauen und Jugend. 1. Auflage. Niesetal: Silber Druck oHG.

Burghardt, Ch. (2014). Finanzierungsmix – ein Baustein zum Erfolg. In: Binne, H., Dummann, J., Gerzer-Sass, A., Lange, A., Teske, J. (Hrsg.). Handbuch Intergeneratives Arbeiten – Perspektiven zum Aktionsprogramm Mehrgenerationenhäuser (S. 290-301). Opladen-Berlin-Toronto: Verlag Barbara Budrich.

Burmann, Ch., Halaszovich, T., Hemmann, F. (2012). Identitätsbasierte Markenführung. Wiesbaden: Springer Gabler.

Diller, A. (2006). Mehrgenerationenhäuser – intergenerative Aktivitäten in unterschiedlichen Institutionstypen – Rechercherbericht im Auftrag des BfFSFJ. München: Deutsches Jugendinstitut e.V.

Draeger, I. (2014). Presse- und Öffentlichkeitsarbeit für Mehrgenerationenhäuser. In: Binne, H., Dummann, J., Gerzer-Sass, A., Lange, A., Teske, J. (Hrsg.). Handbuch Intergeneratives Arbeiten – Perspektiven zum Aktionsprogramm Mehrgenerationenhäuser. Opladen-Berlin-Toronto: Verlag Barbara Budrich.

Eibl-Eibesfeldt, I. (1970). Liebe und Hass – Zur Naturgeschichte elementarer Verhaltensweisen. München: R. Piper & Co. Verlag.

Esch, F.-R. (2014). Strategie und Technik der Markenführung. 6. vollständig überarbeitete und erweiterte Auflage. München: Vahlen Verlag.

Franz, J., Frieters, N., Scheunpflug, A., Tolksdorf, M., Antz, E.-A. (2009). Generationen lernen gemeinsam – Theorie und Praxis inergenerationeller Bildung. Bielefeld: W. Bertelsman Verlag GmbH und Co. KG.

Franz, J., Scheunpflug, A. (2014). Felder intergenerationeller Bildungsarbeit. In: Binne, H., Dummann, J., Gerzer-Sass, A., Lange, A., Teske, J. (Hrsg.). Handbuch Intergeneratives Arbeiten – Perspektiven zum Aktionsprogramm Mehrgenerationenhäuser (S. 119-126). Opladen-Berlin-Toronto: Verlag Barbara Budrich.

Genther, S., Schooß, H. (2014). Das offene Haus-ein Ort der Begegnung für alle Menschen. In: : Binne, H., Dummann, J., Gerzer-Sass, A., Lange, A., Teske, J. (Hrsg.). Handbuch Intergeneratives Arbeiten – Perspektiven zum Aktionsprogramm Mehrgenerationenhäuser (S. 307-316). Opladen-Berlin-Toronto: Verlag Barbara Budrich.

Grabenhofer, E. (2009). Alt und Jung – Eine Kita im Seniorenheim. Weimar, Berlin: Verlag das Netz.

Grundmann, M., Hoffmeister, D. (2007). Ambivalente Kriegskindheiten – Eine soziologische Analyseperspektive. In: Lettke, F.; Lange, A. (Hrsg.). Generationen und Familien. 1. Auflage. Frankfurt am Main: Surkamp Verlag.

Homburg, Ch., Krohmer, H. (2009). Marketingmanagement-Strategie-Umsetzung-Unternehmensführung. 3. Überarbeitete und erweiterte Auflage. Wiesbaden: Gabler Verlag.

Jacobs, T. (2010). Dialog der Generationen. 2. Unveränderte Auflage. Baltmannsweiler: Schneider Verlag Hohengehren.

Kitwood, T. (2000). Demenz. Der personenzentrierte Ansatz im Umgang mit verwirrten Menschen. Bern: Hans Huber Verlag.

Krappmann, L. (1997). Die Identitätsproblematik nach Erikson aus einer interaktionistischen Sicht. In: Keupp, H.; Höfer, R. (Hrsg.). Identitätsarbeit heute. Klassische und aktuelle Perspektive der Identitätsforschung. Frankfurt am Main: Surkamp Verlag.

Krenz, A. (2009). Professionelle Öffentlichkeitsarbeit in Kindertagesstätten. 1. Auflage. Troisdorf: Bildungsverlag EINS.

Kresnicka, T. (2011). Marketing und Öffentlichkeitsarbeit in Kindertagesstätten. Wiesbaden: Kommunal- und Schul- Verlag GmbH & Co. KG.

Kruse, A. (2014). Intergeneratives Arbeiten aus der Perspektive der Gerontologie – eine theoretisch – konzeptionelle und anthropologische Fundierung. In: Binne, H., Dummann, J., Gerzer-Sass, A., Lange, A., Teske, J. (Hrsg.). Handbuch Intergeneratives Arbeiten – Perspektiven zum Aktionsprogramm Mehrgenerationenhäuser (S. 75-86). Opladen-Berlin-Toronto: Verlag Barbara Budrich.

Lange, A. (2014). Altern und Generationen in der Gesellschaft des langen Lebens: Soziostrukturelle und soziokulturelle Rahmenbedingungen der Gesellschaft. In: Binne, H., Dummann, J., Gerzer-Sass, A., Lange, A., Teske, J. (Hrsg.). Handbuch Intergeneratives Arbeiten – Perspektiven zum Aktionsprogramm Mehrgenerationenhäuser (S. 25-37). Opladen-Berlin-Toronto: Verlag Barbara Budrich.

Leu, H. (2011). Das Kompetenzprofil „Frühe Bildung – Bedeutung und Aufgaben der pädagogischen Fachkraft". In: Deutsches Jugendinstitut e. V. (DJI). (Hrsg.). Frühe Bildung – Bedeutung und Aufgaben der pädagogischen Fachkräfte - Grundlagen für die kompetenzorientierte Weiterbildung – Ein Wegweiser der Weiterbildungsinitiative Frühpädagogische Fachkräfte (WIFF). (S. 78-79). Frankfurt am Main: Heinrich Druck und Medien GmbH.

Lüscher, K., Liegle, L., Lange, A., Hoff, A., Stoffel, M., Viry, G., Widmer, E. (2010). Generationen, Generationenbeziehungen, Generationenpolitik – ein dreisprachiges Kompendium. Bern: Schweizerische Akademie der Geistes- und Sozialwissenschaften

Lüscher, K., Hoff, A., Renzi, G., Renzi, M., Sánchez, M., Viry, G., Widmer, E. (2014). Generationen, Generationenbeziehungen, Generationenpolitik – Ein mehrsprachiges Kompendium. Konstanz, Görlitz, Genève, Granada, Accona: Universität Konstanz.

Marquard, M., Schabacker-Bock, M., Stadelhofer, C. (2008). Alt und Jung im Lernaustausch – Eine Arbeitshilfe für intergenerationelle Lernprojekte. Weinheim, München: Juventa Verlag.

Meffert, H., Burmann, Ch., Kirchgeorg, M. (2012). Marketing – Grundlagen markenorientierter Unternehmensführung. 11. Überarbeitete und erweiterte Auflage. Wiesbaden: Gabler Verlag.

Miedaner, L. (2001). Alt und Jung entdeckt sich neu – Intergenerative Pädagogik mit Kindern und Senioren. Freiburg im Breisgau: Verlag Herder.

Möller, J., Schlenther-Möller, E. (2007). Kita-Leitung – Leitfaden für Qualifizierung und Praxis. 1. Auflage. Berlin: Cornelsen Verlag Scriptor GmbH du Co. KG.

Montessori, M. (1870-1952). Grundgedanken der Montessori-Pädagogik. In: Grabenhofer, E. (2009). Alt und Jung – Eine Kita im Seniorenheim (S. 14). Weimar, Berlin: Verlag das Netz.

Negri, Ch. (2010). Angewandte Psychologie für die Personalentwicklung-Konzepte und Methoden für Bildungsmanagement, betriebliche Aus- und Weiterbildung. Berlin-Heidelberg: Springer Verlag.

Rosenkranz, D., Weber, A. (2002). Freiwilligenarbeit-Einführung in das Management von Ehrenamtlichen in der sozialen Arbeit. Weihnheim, München: Juventa Verlag.

Roß, P - S., Tries, H. (2014). Verschiedenheit ist bereichernd. Vom Benefit intergenerativer Angebote. In: Binne, H., Dummann, J., Gerzer-Sass, A., Lange, A., Teske, J. (Hrsg.). Handbuch Intergeneratives Arbeiten – Perspektiven zum Aktionsprogramm Mehrgenerationenhäuser (S. 166-176). Opladen-Berlin-Toronto: Verlag Barbara Budrich.

Santer, D.; Abderhalden, Ch.; Needham, I.; Wolff, S. (2004). Lehrbuch Psychiatrische Pflege. Bern: Hans Huber Verlag.

Scheunpflug, A., Franz, J. (2014). Unterschiedliche Lebens- und Erfahrungswelten zwischen den Generationen. Gelingensbedingungen intergenerationeller Bildungsarbeit. In: Binne, H., Dummann, J., Gerzer-Sass, A., Lange, A., Teske, J. (Hrsg.). Handbuch Intergeneratives Arbeiten – Perspektiven zum Aktionsprogramm Mehrgenerationenhäuser (S.135-141). Opladen-Berlin-Toronto: Verlag Barbara Budrich.

Schiewe, K. (2012). Die eigene Einrichtung gut präsentieren. Kindergarten heute – das Leitungsheft Fachwissen und Arbeitsmethoden für die Kita Leiterin, 5. Jahrgang 2012, S. 21. Freiburg im Breisgau: Verlag Herder.

Spitzer, M. (2007). Kritik der Disziplin aus (neuro-) biologischer Sicht. In: Brumlik, M. (Hrsg.). Vom Missbrauch der Disziplin. S. 169-203. Weinheim, Basel: Beltz.

Stamer-Brandt, P. (2006). Reden ist Gold. Basiswissen Kita: Verstecken Sie sich nicht! Öffentlichkeitsarbeit. 2. Auflage. S. 6. Freiburg im Breisgau: Verlag Herder.

Suck, S., Tinzmann, B. (2005). Intergenerative Projekte in NRW - Bestandsaufnahme, Bewertung, Vernetzungs- und Qualifizierungsbedarf. Dortmund: Forschungsgesellschaft für Gerontologie e.V. – Institut für Gerontologie an der Universität Dortmund.

Weltzien, D. (2007). Sozialwissenschaftliche Grundlagen. 2. Auflage. Remagen. Ibus Verlag.

Wittke-Kothe, C. (2001). Interne Markenführung: Verankerung der Markenidentität im Mitarbeiterverhalten. 1. Auflage. Wiesbaden: Deutscher Universitäts-Verlag.

Zedtwitz-Arnim, G.-V. (1981). Tu Gutes und Rede darüber. München: Heyne Verlag.

Linkverzeichnis

Bayerisches Landesjugendamt (2015). Stief- und Patchworkfamilie. http://www.elternimnetz.bayern.de/familie/gesichter/stieffamilie.php (eingesehen am 09.01.2015, MEZ 15:35 Uhr).

Blumenberg, H. (2014). Lebenszeit und Weltzeit. http://www.oubey.com/blog/de/?p=437 (eingesehen am 09.01.2015, MEZ 15:04 Uhr).

Bundesministerium für Familie, Senioren, Frauen und Jugend (Hrsg.). (2005). Zwölfter Kinder- und Jugendbericht. Bericht über die Lebenssituation junger Menschen und die Leistungen der Kinder- und Jugendhilfe in Deutschland. http://www.bmfsfj.de/doku/Publikationen/kjb/data/download/050906_zwoelfter_kjb.pdf (eingesehen 09.01.2015, MEZ 15:05 Uhr).

Bundesverband Deutscher Stiftungen. (2014). Tag der Stiftungen. http://www.tag-der-stiftungen.de/de/informieren/stiftungen-in-deutschland.html (eingesehen am 09.01.2015, MEZ 15:09 Uhr).

Deutsches Zentrum für Altersbefragungen (Hrsg.).(2008). Deutscher Alterssurvey (DEAS): Die zweite Lebenshälfte. http://www.dza.de/foschung/deas.html (eingesehen am 09.01.2015, MEZ 15:10 Uhr).

Deutsches Zentrum für Altersbefragungen (Hrsg.). (2015). Deutsches Zentrum für Altersfragen. http://www.dza.de (eingesehen am 09.01.2015, MEZ 15:11 Uhr).

Einfaches Anbieter-Nachfrager-Modell als Ausgangspunkt. (2015). http://www.reader.springer.com/chapter/10.1007/978-3-8349-4623-2_1?nojs=true#Bib1 (eingesehen am 09.01.2015, MEZ 15:33 Uhr).

Etzemüller, T. (2014). Haltung. http://www.soziologie.de/blog/?p=3144.html (eingesehen am 09.01.2015, MEZ 15:12 Uhr).

Ferstl, E. (2000). Begegnung. http://aphorismen.de/suche?text=Begegnung&autor_quelle=Ferstl&thema= (eingesehen am 09.01.2015, MEZ 15:13 Uhr).

Ford, H. (1863-1947). Lernen. http://www.gutzitiert.de/zitat_autor_henry_ford_thema_lernen_zitat_13553.html (eingesehen am 09.01.2015, MEZ 15:15 Uhr).

Gärtner, R. (2008). Generationenkonflikt. http://www.politik-lexion.at/generationenkonflikt/ (eingesehen am 09.01.2015, MEZ 15:16 Uhr).

Glaßl, H. (2014). Haltung. http://www.aphorismen.de/zitat/207251 (eingesehen am 09.01.2015, MEZ 15:18 Uhr).

Jost, M. (2014). Jung und Alt gemeinsam aktiv. http://www.kizz.de/kindergarten-und-krippe/kita-konzepte/intergenerative-paedagogik-jung-und-alt-gemeinsam-aktiv (eingesehen am 09.01.2015, MEZ 15:20 Uhr).

Knoth, A. (2011). 5 Säulen des Fundraising. http://www.bundestreffen2011.de/downloads/5-saeulen-des-fundraising.pdf (eingesehen am 09.01.2015, MEZ 15:22 Uhr).

Krüll, C. (2014). Die innere Haltung. http://www.focus.de/finanzen/karriere/management/business-knigge/tid-13401/coaching-die-innere-haltung_aid_370952.html (eingesehen am 09.01.2015, MEZ 15:25 Uhr).

Kunsturhebergesetz. (2014). §22. http://www.gesetze-im-internet.de/kunsturhg/__22.html (eingesehen am 09.01.2015, MEZ 15:30 Uhr).

Nowack, S. (2013). Die Rolle der pädagogischen Fachkraft im inklusiven Prozess. http://www.kita-fachtexte.de/uploads/media/KiTaFT_Nowack_2013.pdf (eingesehen am 09.01.2015, MEZ 15:32 Uhr).

o. A. (2014). Der Aufbau einer Familie. http://www.gentleys.com/der-aufbau-einer-familie/ (eingesehen am 09.01.2015, MEZ 15:37 Uhr).

Rauchfleisch, U. (2015). Von der familiären Wirklichkeit und Selbstdefinition lesbischer Mütter, schwuler Väter und ihrer Kinder. http://www.lsvd.de/lebensformen/lsvd-familienseiten/vortragsreihe-regenbogenfamilien/regenbogenfamilien-ganz-normal-anders.html#c2827 (eingesehen am 09.01.2015, MEZ 15:38 Uhr).

Sentiso GmbH. (2011). Auswirkungen des demographischen Wandels auf die soziale Sicherheit – Wie eine alternde Gesellschaft zu sozialen Problemen führen kann. http://www.sentiso.de/informationen/30-demographischer-wandel-und-soziale-sicherheit (eingesehen am 09.01.2015, MEZ 15:39 Uhr).

Statistisches Bundesamt. (2009). Bevölkerungsentwicklung.
https://www.destatis.de/DE/PresseService/Presse/Pressekonferenzen/2009/Bev
oelkerung/bevoelkerungsentwicklung2009_Uebersicht.html (eingesehen am
09.01.2015, MEZ 15:40 Uhr).

Textor, M. R. (2014). Familialer Wandel: Entwicklungstendenzen und Auswirkungen.
In: Textor, M. R. (Hrsg.). Kindergartenpädagogik – Online Handbuch-. Würzburg:
http://www.kindergartenpaedagogik.de/38.html (eingesehen am 09.01.2015,
MEZ 15:42 Uhr).

Textor, M. R. (2015). Bevölkerung und Gesellschaft. In: Textor, M. R. (Hrsg.). Institut
für Pädagogik und Zukunftsforschung. Würzburg:
http://www.zukunftsentwicklungen.de/gesellschaft.html (eingesehen am
09.01.2015, MEZ 15:43).

Ueltzhöffer, J. (1999). Generationenkonflikt und Generationenbündnis in der Bürger-
gesellschaft. Presseinformation. http://www.sigma-
online.com/de/Articles_and_Reports/generationen-konflikt.pdf (eingesehen am
09.01.2015, MEZ 15:45 Uhr).

Welling, K. (2004). Der personen-zentrierte Ansatz von Tom Kitwood.
http://www.prodos-verlag-de/pdf/personenzentrierung_kitwood_0070.pdf (eingesehen am 09.01.2015, MEZ 15:46 Uhr).

Wolf, P. (2010). Was ist Familie heute?
http://tagesspiegel.de/berlin/familie/gesellschaft-was-ist-familie-
heute/1782944.html (eingesehen am 09.01.2015, MEZ 15:48 Uhr).

Anhang

Auswahl von Stiftungen und Kontaktadressen

BAGSO Bundesgemeinschaft der Seniorenorganisationen e.V.
Bonn
kontakt@bagso.de
www.bagso.de

Bundesverband Deutscher Stiftungen e.V.
Vorstand: Prof. Dr. Michael Göring
Haus Deutscher Stiftungen
Mauerstraße 93
10117 Berlin
cordula.beyer@stiftungen.org
www.stiftungen.org

Dialog der Generationen
Konzeptbüro
Nürnberg
www.generationendialog.de

Dr. Strothmann Stiftung
Stiftung zur Förderung benachteiligter und
kranker Personen sowie Förderung von Kunst und Kultur
Bettina Krachudel
Schillerstr. 35 c
32427 Münden
krachudel@strathmann-stiftung.de
www.strathmann-stiftung.de

JAZz Jung + Alt = Zukunft zusammen
JAZz e.V.
Ulm
www.jazz-jung-alt.de

Otto Benecke Stiftung e.V.
Kennedyallee 105-107
53175 Bonn
post@obs-ev.de

Robert Bosch Stiftung
Unterstützung nachhaltiger Projekte
Stuttgart / Berlin
www.bosch-stiftung.de
info@bosch-stiftung.de

Stiftungenverzeichnis
Stiftungen und Spendenorganisationen
kontakt@stiftungenverzeichnis.de
www.stiftungenverzeichnis.de

Lightning Source UK Ltd.
Milton Keynes UK
UKHW041142250719
346798UK00001B/374/P